Anleitung für die Gemeinden

zur

Neuordnung

des

Gemeindeabgabenwesens.

Nach dem Kommunalabgabengesetze vom 14. Juli 1893
und der Ausführungsanweisung vom 10. Mai 1894 mit Entwürfen
zu Steuerordnungen und sonstigen Mustern

bearbeitet von

B. v. Kamptz,
Verwaltungsgerichtsdirektor.

Berlin 1895.
J. J. Heines Verlag.

Druck von Hans Mamroth, Berlin W., Wilhelmstr. 48.

Vorwort.

Das nachstehende, für die Praxis bestimmte Büchlein will den Leitern und Vertretungen der Stadt- und Landgemeinden als Rathgeber und Wegweiser für die Ausführung des Kommunalabgabengesetzes vom 14. Juli 1893 dienen. Dementsprechend bringt es die wichtigsten Bestimmungen dieses Gesetzes zur Darstellung und erörtert an der Hand der Ausführungsanweisung vom 10. Mai 1894 in Kürze diejenigen Gesichtspunkte, welche für die Umgestaltung des Gemeindeabgabenwesens und die Fassung der bezüglichen Gemeindebeschlüsse wesentlich in Betracht kommen. Ein nachfolgender Anhang enthält außer einem Plane zur Ausführung des Kommunalabgabengesetzes verschiedene Muster für Steuer-(Gebühren-)Ordnungen und sonstige Gemeindebeschlüsse.

Daß die vornehmlich für die Beamten der größeren Landgemeinden und der kleinen und mittleren Stadtgemeinden berechnete Schrift sich praktisch brauchbar erweisen und bei den Betheiligten eine freundliche Aufnahme finden möge, ist der aufrichtige Wunsch

des

Verfassers.

Inhaltsverzeichniß.

Einleitung.

Vor Erlaß des Kommunalabgabengesetzes vom 14. Juli 1893 fehlte es in Preußen an einer einheitlichen Gesetzesnorm über das Gemeindeabgabenwesen, da die verschiedenen Gemeindeverfassungsgesetze nur einzelne Bestimmungen über diesen Gegenstand enthielten und sich hauptsächlich auf die Vorschrift beschränkten, daß in bestimmten Fällen zur Erhebung von Gemeindeabgaben die staatliche Genehmigung nothwendig sei. Aus diesem Mangel der Gesetzgebung ergaben sich im Laufe der Zeit bei dem durch die Fortschritte der Industrie und des Verkehrs hervorgerufenen Anwachsen der Gemeindebedürfnisse schwere Mißstände, welche insbesondere in einer Belastung der Einkommensteuer mit kommunalen Zuschlägen von drückender Höhe gipfelten.

Diesen Uebelständen will das Kommunalabgabengesetz vom 14. Juli 1893 abhelfen. Es regelt das gesammte Gemeindeabgabenwesen für den ganzen Umfang der preußischen Monarchie mit Ausschluß der Hohenzollernschen Lande und der Insel Helgoland in einheitlicher und erschöpfender Weise und bildet den Abschluß der mit Erlaß des Einkommensteuergesetzes vom 24. Juni 1891 begonnenen großen Steuerreform. Es eröffnet den Gemeinden in Verbindung mit dem Gesetze wegen Aufhebung direkter Staatssteuern vom 14. Juli 1893, durch welches der Staat auf die Forterhebung der staatlichen Grund-, Gebäude- und Gewerbesteuer, sowie der Bergwerksabgaben verzichtet hat, neue Steuerquellen und sucht die Entlastung der Einkommensteuer von übermäßigen Zuschlägen namentlich dadurch herbeizuführen, daß es für die Bestreitung der Gemeindelasten neben dem Maßstabe der Leistungsfähigkeit auch den Maßstab von Leistung und Gegenleistung zur Geltung bringt.

Das Kommunalabgabengesetz tritt am 1. April 1895 gleichzeitig mit dem Gesetze wegen Aufhebung direkter Staatssteuern in Kraft (§ 96, Absatz 1) und wird fast in allen Gemeinden eine allmähliche Neuordnung des Abgabenwesens und eine Umarbeitung vieler bestehender Steuerordnungen nothwendig machen, da es in den §§ 78, Abs. 1—3 und 96, Abs. 2—4 Folgendes vorschreibt:

„Bestehen bei dem Inkrafttreten des Gesetzes in einzelnen Gemeinden Ordnungen über die Aufbringung von Gebühren, Beiträgen, indirekten, direkten Steuern oder Diensten, welche den Vorschriften dieses Gesetzes zuwiderlaufen, oder werden derartige Gemeindebeschlüsse gefaßt, so ist die Aufsichtsbehörde befugt, deren Abänderung oder Ergänzung unter Angabe der Gründe anzuordnen.

Dieselbe Befugniß steht der Aufsichtsbehörde zu, wenn die Abstufungen des Grundbesitzes, nach welchen die Steuer umgelegt wird (§ 25), wegen wesentlicher Veränderungen der Besitzverhältnisse zur Grundlage der Besteuerung nicht mehr geeignet sind und ein Antrag auf Abänderung oder Ergänzung von der Mehrheit der einer Abstufung angehörigen Steuerpflichtigen gestellt wird.

Die Einführung neuer und die Erhöhung bestehender indirekter Steuern darf nicht angeordnet werden.“ (§ 78, Abs. 1—3.)

„Die Gemeinden sind verpflichtet, die Ordnungen (Observanzen, Statuten, Regulative, Gemeindebeschlüsse u. s. w.) über die Aufbringung von Gebühren, Beiträgen, indirekten und direkten Steuern oder Diensten mit den Vorschriften dieses Gesetzes in Uebereinstimmung zu bringen.

Zu diesem Behufe können die zur Ausführung des gegenwärtigen Gesetzes erforderlichen Gemeindebeschlüsse bereits innerhalb eines Jahres vor dem Inkrafttreten desselben im Voraus gefaßt und die dadurch bedingten Anordnungen und Entscheidungen der Verwaltungs- und Verwaltungsgerichtsbehörden nach Maßgabe der Bestimmungen dieses Gesetzes getroffen werden.

Ordnungen, welche bis zum Inkrafttreten des gegenwärtigen

Gesetzes in Geltung gewesen sind, bleiben — unbeschadet der Bestimmungen im § 23, Absatz 4 und § 37, Absatz 2 — bis zur Abänderung durch rechtsgültigen Gemeindebeschluß oder Anordnung der Aufsichtsbehörde (§ 78) bestehen.“ (§ 96, Abs. 2—4.

Damit die großen und schwierigen Aufgaben, welche das Gesetz den Gemeinden stellt, eine diesen entsprechende Lösung finden, werden sich die Gemeindevorstände, welchen die Ausführung des Gesetzes in erster Linie obliegt, zunächst mit dem Inhalte desselben gründlich bekannt machen müssen. Erst wenn dies geschehen ist, werden sie in der Lage sein, einen bestimmten Plan für die Umgestaltung des in der Gemeinde bestehenden Finanzwesens aufzustellen; hat dieser Plan die Billigung der Gemeindevertretung gefunden, so werden sie ferner die zur Ausführung des Planes erforderlichen Gemeindebeschlüsse zu veranlassen und endlich dafür Sorge zu tragen haben, daß diese Beschlüsse in der gehörigen Form gefaßt und, soweit es das Gesetz vorschreibt, den Aufsichtsbehörden zur Genehmigung unterbreitet werden.

Wir folgen im Nachstehenden diesen Obliegenheiten der Gemeindevorstände, welchen unser kleines Buch ein Wegweiser für die Ausführung des Gesetzes sein will, und werden demgemäß zur Darstellung bringen:

I. Die wichtigsten Bestimmungen des Kommunalabgabengesetzes.

II. Die für die Neuordnung des Gemeindeabgabenwesens und die Aufstellung eines Planes zur Ausführung des Kommunalabgabengesetzes wesentlich in Betracht zu ziehenden Gesichtspunkte.

III. Die zur Ausführung des Gesetzes erforderlichen Gemeindebeschlüsse.

Daß wir uns dabei zu I vorzugsweise mit denjenigen Vorschriften des Gesetzes beschäftigen werden, welche neues Recht schaffen und für die Umgestallung des Gemeindeabgabenwesens von besonderer Bedeutung sind, bedarf wohl keiner Rechtfertigung.

Schließlich sei hier noch betont, daß ein wiederholtes und sorgfältiges Studium des Gesetzes selbst allen mit der Anwendung desselben befaßten Gemeindebehörden nicht genug empfohlen werden kann.

I.

Die wichtigsten Bestimmungen des Kommunalabgabengesetzes (K.-A.-G.) und der Ausführungsanweisung (Ausf.-A.).

Das K.-A.-G. zerfällt — abgesehen von den Schluß- und Uebergangsbestimmungen (§§ 94—97) — in zwei Abschnitte, von welchen Theil I (§§ 1—90) die Gemeindeabgaben, Theil II (§§ 91—93), welcher aus unserer Darstellung ausscheidet, die Kreis- und Provinzialsteuern behandelt. Theil I enthält folgende 9 Titel:

Erster Titel: Allgemeine Bestimmungen.
Zweiter Titel: Gebühren und Beiträge.
Dritter Titel: Gemeindesteuern.
Vierter Titel: Naturaldienste.
Fünfter Titel: Rechtsmittel.
Sechster Titel: Aufsicht.
Siebenter Titel: Strafen.
Achter Titel: Nachforderungen und Verjährungen.
Neunter Titel: Kosten und Zwangsvollstreckungen.

Der dritte Titel (Gemeindesteuern), welcher die §§ 13—67 umfaßt, besteht aus zwei Abschnitten, von denen der erste (§§ 13—19) die indirekten Gemeindesteuern, der zweite (§§ 20—67) die direkten Gemeindesteuern betrifft.

Unter dem 10. Mai 1894 haben die Herren Minister des Innern und der Finanzen zur Ausführung des Gesetzes eine Anweisung und Uebergangsbestimmungen erlassen, welche im Wege des Buchhandels bezogen werden können.

A. Allgemeine Bestimmungen (§§ 1—3).

Dieselben bringen den Grundgedanken des Gesetzes zum Ausdruck und bestimmen gleichzeitig die Reihenfolge, in welcher künftig die Deckung der Gemeindeausgaben aus den verschiedenen Einnahmequellen bewirkt werden soll. Da diese Bestimmungen von besonderer Wichtigkeit sind, so folgen sie hier in ihrem Wortlaute:

§ 1. Die Gemeinden sind berechtigt, zur Deckung ihrer Ausgaben und Bedürfnisse nach Maßgabe der Bestimmungen dieses Gesetzes Gebühren und Beiträge, indirekte und direkte Steuern zu erheben, sowie Naturaldienste zu fordern.

§ 2. Die Gemeinden dürfen von der Befugniß, Steuern zu erheben, nur insoweit Gebrauch machen, als die sonstigen Einnahmen, insbesondere aus dem Gemeindevermögen, aus Gebühren, Beiträgen und vom Staate oder von weiteren Kommunalverbänden den Gemeinden überwiesenen Mitteln zur Deckung ihrer Ausgaben nicht ausreichen. Auf Hunde- und Lustbarkeits-, sowie auf ähnliche, durch besondere Rücksichten gebotene Steuern findet diese Bestimmung keine Anwendung.

Durch direkte Steuern darf nur der Bedarf aufgebracht werden, welcher nach Abzug des Aufkommens der indirekten Steuern von dem gesammten Steuerbedarfe verbleibt. (§ 3 u. s. w.).

§ 3. Gewerbliche Unternehmungen der Gemeinden sind grundsätzlich so zu verwalten, daß durch die Einnahmen mindestens die gesammten durch die Unternehmung der Gemeinde erwachsenden Ausgaben, einschließlich der Verzinsung und der Tilgung des Anlagekapitals, aufgebracht werden.

Eine Ausnahme ist zulässig, sofern die Unternehmung zugleich einem öffentlichen Interesse dient, welches andernfalls nicht befriedigt wird.

Die Ausf.-A. giebt hierzu folgende, die Grundsätze des Gesetzes erläuternde Bemerkungen (vgl. daselbst Artikel 1—3):

„Die Vorschriften des K.-A.-G. über die Aufbringung des Finanzbedarfs der Gemeinden gehen davon aus, daß diejenigen Ausgaben, welche in erkennbarer Weise zum Vortheile einzelner Gemeindeangehöriger oder einzelner Klassen von solchen aufgewendet oder von ihnen verursacht werden, insoweit nach dem Maßstabe von Leistung und Gegenleistung, sonstige Ausgaben aber vorzugsweise nach dem Maßstabe der Leistungsfähigkeit aufzubringen sind.

Die Deckung des Finanzbedarfs nach dem Maßstabe von Leistung und Gegenleistung geschieht vorzugsweise durch Gebühren, Beiträge und Realsteuern, während zur Aufbringung des Finanzbedarfs nach dem Maßstabe der Leistungsfähigkeit die Einkommensteuer dient. Die nach dem ersteren Maßstabe zu deckenden Ausgaben können aber auch durch entsprechende Vor- oder Mehrbelastung auf steuerlichem Gebiete (Einkommensteuer, Realsteuern) aufgebracht werden . . .

Nach § 2 dürfen die Gemeinden von der Befugniß, Steuern zu erheben, nur insoweit Gebrauch machen, als ihre sonstigen Einnahmen, insbesondere aus dem Gemeindevermögen, aus Gebühren, Beiträgen und den vom Staate oder weiteren Kommunalverbänden überwiesenen Mitteln zur Deckung ihrer Ausgaben nicht ausreichen. Diese sonstigen Einnahmen sind daher nach Maßgabe der weiteren Bestimmungen des Gesetzes nutzbar zu machen, bevor zur Erhebung von Steuern geschritten wird . . .

Zu den gewerblichen Unternehmungen im Sinne des Gesetzes gehören im Allgemeinen alle privatwirthschaftlichen Unternehmungen, deren Betrieb als solcher auf die Erzielung von Gewinn gerichtet ist und den Mitgliedern der Gemeinde eine Nöthigung zu ihrer Benutzung nicht auferlegt. Ganz allgemein pflegt dies beispielsweise auf Gasanstalten Anwendung zu finden, auf Wasserwerke nur dann, wenn der Anschluß an dieselben lediglich durch die freie Entschließung der Mitglieder der Gemeinden bedingt ist.

Eine Ausnahme von der Eingangs erwähnten Regel (nämlich daß durch die Einnahmen mindestens die gesammten durch die Unternehmung der Gemeinde erwachsenden Ausgaben, einschließlich der Verzinsung und Tilgung des Anlagekapitals, aufgebracht werden, ist zulässig, sofern die Unternehmung, wie solches bei Wasserwerken, Markthallen u. s. w. der Fall zu sein pflegt, zugleich einem öffentlichen Interesse dient, welches andernfalls nicht befriedigt wird. Aber auch bei solchen Unternehmungen muß, soweit es sich nicht um die Befriedigung eines derartigen öffentlichen Interesses handelt, die Erzielung von angemessenen Erträgen den leitenden Grundsatz der Verwaltung bilden. Das Entgelt für die gebotene Leistung darf nicht zum Vortheile Einzelner hinter dem nach wirthschaftlichen Rücksichten für angemessen zu erachtenden Preise zurückbleiben."

Hervorzuheben ist, daß nach der Vorschrift des § 2 „die Gemeinden dürfen u. s. w.“ die Art und Weise, wie die Deckung der Gemeindeausgaben erfolgen soll, künftig nicht mehr in dem freien Belieben der Gemeinden steht. Die Reihenfolge des § 1 ist vielmehr eine obligatorische. Durch den bereits oben wiedergegebenen § 78 und durch § 77 (vgl. unten) ist der Aufsichtsbehörde die Berechtigung verliehen, in den einzelnen Gemeinden zwangsweise auf einen richtigen Gebrauch ihrer Einnahmequellen hinzuwirken. Gegen die Anordnung der Aufsichtsbehörde findet jedoch, damit es an einer Rechtskontrolle nicht fehlt, innerhalb vier Wochen nach Ablauf der in derselben gestellten Frist die Klage im Verwaltungsstreitverfahren, für Landgemeinden bei dem Bezirksausschusse, für Stadtgemeinden bei dem Oberverwaltungsgerichte statt. Wird die Klage innerhalb dieser Frist nicht erhoben, so ist die Aufsichtsbehörde befugt, die in Ansehung der Aufbringung der Gebühren, Beiträge, indirekten, direkten Steuern oder Dienste erforderliche Ordnung auf Grundlage der erlassenen Verfügung selbst festzustellen. Das Gleiche gilt für den Fall der rechtskräftigen Abweisung der Klage. Wird die Klage endgiltig für begründet erkannt, so tritt die Anordnung außer Kraft. Sofern das öffentliche Interesse es erheischt, beschließt im Falle der Erhebung der Klage über die vorläufige Ordnung des Steuerwesens bis zur rechtskräftigen Entscheidung für Landgemeinden der Kreisausschuß, für Stadtgemeinden der Bezirksausschuß (§ 78, Abs. 4—6).

Im Uebrigen ist noch zu bemerken, daß der § 1 des Gesetzes sich nicht auf die selbstständigen Gutsbezirke bezieht, da sich die Untervertheilung von Kommunallasten in denselben auf die Kosten der Armenpflege und auf die Kriegsleistungen beschränkt.

B. Gebühren und Beiträge (§§ 4—12).

1. Gebühren.

Diese werden entweder als Vergütungen für die Benutzung der von den Gemeinden im öffentlichen Interesse unterhaltenen

Veranstaltungen, Anlagen, Anstalten und Einrichtungen — **Gebühren im engeren Sinne** — oder als Vergütungen für einzelne Handlungen der Gemeindeorgane — **Verwaltungsgebühren** — erhoben.

Die Gebühren beider Art sind im Voraus nach festen Normen und Sätzen zu bestimmen. Eine Berücksichtigung Unbemittelter ist nicht ausgeschlossen (§ 7).

a. **Gebühren im engeren Sinne** (§§ 4 ff.).

Die Erhebung dieser Gebühren muß erfolgen, wenn die Veranstaltung einzelnen Gemeindeangehörigen oder einzelnen Klassen von solchen vorzugsweise zum Vortheil gereicht und soweit die Ausgleichung nicht durch Beiträge (§ 9) oder eine Mehr- oder Minderbelastung (§ 20) erfolgt (§ 4, Abs. 2). Hier kommt also der Grundsatz von Leistung und Gegenleistung zur Geltung. Beispiele derartiger Veranstaltungen sind z. B. Entwässerungsanlagen, die hauptsächlich den Grundbesitzern, Speicher und Magazine, die hauptsächlich den Gewerbetreibenden Nutzen bringen u. s. w. — Die Gebührensätze sind in der Regel so zu bemessen, daß die Verwaltungs- und Unterhaltungskosten der Veranstaltung, einschließlich der Ausgaben für die Verzinsung und Tilgung des aufgewendeten Kapitals, gedeckt werden. Besteht jedoch eine Verpflichtung zur Benutzung einer Veranstaltung für alle Gemeindeangehörigen oder für einzelne Klassen derselben, oder sind die Genannten auf die Benutzung der Veranstaltung angewiesen — dies würde z. B. bei Hafenanlagen zutreffen, deren Benutzung sich die Gewerbetreibenden nicht entziehen können, ohne auf den Betrieb ihres Gewerbes zu verzichten — so ist unter Berücksichtigung des öffentlichen Interesses, welchem die Veranstaltung dient, und der den Einzelnen gewährten besonderen Vortheile eine entsprechende Ermäßigung der Gebührensätze gestattet (§ 4, Abs. 3); in Fällen dieser Art bedarf die Erhebung von Gebühren der Genehmigung und kann auch ganz unterbleiben. Genehmigung ist gleichfalls erforderlich, wenn andere Abweichungen von der regelmäßigen Bemessung der Gebühren getroffen werden sollen; solche Abweichungen sind nur aus besonderen Gründen gestattet. Auf Unterrichts- und Bildungsanstalten, auf

Krankenhäuser, Heil- und Pflegeanstalten, sowie auf vorzugsweise den Bedürfnissen der unbemittelten Volksklassen dienende Veranstaltungen finden vorstehende Bestimmungen keine Anwendung, so daß es bezüglich dieser Veranstaltungen dem Ermessen der Gemeinden überlassen ist, ob und in welcher Höhe Gebühren für ihre Benutzung zu erheben sind. Jedoch muß für den Besuch der von den Gemeinden unterhaltenen höheren Lehranstalten und Fachschulen ein angemessenes Schulgeld erhoben werden (§ 4, Abs. 4). Ein Zwang zur Erhebung von Chaussee-, Wege-, Pflaster- und Brückengeldern findet nicht statt (§§ 4, Abs. 6). Die bestehenden Vorschriften über die Verleihung des Rechts auf Erhebung von Chaussee-, Wege-, Pflaster- Brücken-, Fähr-, Hafen-, Schleusengeldern und von anderen derartigen Verkehrsabgaben, sowie über die Feststellung der Tarife für solche werden durch das K.-A.-G. nicht berührt (§ 5). Die Vorschriften des Baufluchtliniengesetzes vom 2. Juli 1875 bleiben mit der Maßgabe in Kraft, daß die im § 15 daselbst vorgesehenen Beiträge nach einem andern, als dem dort angegebenen Maßstabe, insbesondere auch nach der bebauungsfähigen Fläche, bemessen werden dürfen; werden solche Beiträge erhoben, so ist eine Mehrbelastung nach § 20 des Gesetzes unzulässig. Ebenso behält es bei den Bestimmungen des Gesetzes, betreffend die Erhebung von Marktstandsgeld, vom 26. April 1872 und der Gesetze über die Errichtung öffentlicher Schlachthäuser vom 18. März 1868 und 9. März 1881 sein Bewenden. Jedoch dürfen für die Schlachthausbenutzung Gebühren bis zu einer solchen Höhe erhoben werden, daß durch ihr jährliches Aufkommen die Kosten der Unterhaltung der Anlage und des Betriebes, sowie ein Betrag von acht Prozent des Anlagekapitals und der etwa gezahlten Entschädigungssumme gedeckt werden. In denjenigen Städten, in denen Verbrauchssteuern auf Fleisch zur Erhebung kommen, dürfen die Benutzungsgebühren nur bis zu einer solchen Höhe erhoben werden, daß durch ihr jährliches Aufkommen außer den Unterhaltungs- und Betriebskosten ein Betrag von 5 Prozent des Anlagekapitals und der Entschädigungssumme gedeckt wird. Die Gebühren für die Untersuchung des nicht in öffentlichen Schlachthäusern ausgeschlachteten Fleisches (Artikel 1 § 2 Nr. 2 und 3 des

Gesetzes vom 9. März 1881) können in einer den Gebühren für die Schlachthausbenutzung entsprechenden Höhe bemessen werden. In Bade- und Kurorten können die Gemeinden für die Herstellung und Unterhaltung ihrer zu Kurzwecken getroffenen Veranstaltungen Kurtaxen erheben (§§ 10—12).

Eine obere Grenze für die Gebührensätze hat das K.-A.-G. nicht vorgeschrieben, so daß im Allgemeinen die Möglichkeit besteht, die Gebührensätze so zu bemessen, daß die Veranstaltung Ueberschüsse abwirft; eine derartige Gebührenbemessung würde sich jedoch, wie Artikel V der Ausf.-A. hervorhebt, nur aus besonderen Gründen empfehlen.

b. Verwaltungsgebühren.

Die Gemeinden, Amtsbezirke, Aemter und Landbürgermeistereien sind berechtigt, für die Genehmigung und Beaufsichtigung von Neubauten, Umbauten und anderen baulichen Herstellungen, sowie für die ordnungs- und feuerpolizeiliche Beaufsichtigung von Messen und Märkten, von Musikaufführungen, Schaustellungen, theatralischen Vorstellungen und Lustbarkeiten Gebühren zu erheben. Die Erhebung von Lustbarkeitssteuern schließt die Erhebung von Gebühren für die Beaufsichtigung der Lustbarkeit aus. Im Uebrigen bewendet es hinsichtlich der Befugniß der Gemeinden, für einzelne Handlungen ihrer Organe Verwaltungsgebühren zu erheben, bei den bestehenden Bestimmungen (§ 6). Als solche kommen — abgesehen von der Vorschrift im Artikel 102 der Verfassungs-Urkunde vom 31. Januar 1850, wonach Gebühren von Staats- und Kommunalbeamten nur auf Grund des Gesetzes erhoben werden können, — für die alten Landestheile die Bestimmungen des § 17 der Sporteltaxordnung vom 25. April 1825 in Betracht, nach welchen es wegen der von den Unterbehörden zu erhebenden Sporteln bis auf Weiteres bei der bestehenden Verfassung sein Bewenden behalten soll. Die Gemeinden werden also nur insoweit Sporteln erheben dürfen, als dies zur Zeit des Erlasses der gedachten Sportelordnung auf Grund von Verleihungen, Privilegien, Sporteltaxordnungen oder nach dem Herkommen zulässig gewesen ist. Die

Gebühren müssen so bemessen werden, daß deren Aufkommen die Kosten des bezüglichen Verwaltungszweiges nicht übersteigt (§ 6); ihre Festsetzung bedarf der Genehmigung (§ 8).

2. Beiträge (§ 9).

Die Gemeinden können behufs Deckung der Kosten für Herstellung und Unterhaltung von Veranstaltungen, welche durch das öffentliche Interesse erfordert werden, von denjenigen Grundeigenthümern und Gewerbetreibenden, denen hierdurch besondere wirthschaftliche Vortheile erwachsen, Beiträge zu den Kosten der Veranstaltungen erheben. Die Beiträge sind nach den Vortheilen zu bemessen (§ 9, Abs. 1).

Beiträge und Gebühren haben also das gemeinsam, daß sie den Zweck verfolgen, diejenigen Personen, denen durch eine Veranstaltung der Gemeinde besondere Vortheile erwachsen, vor den übrigen Gemeindeangehörigen zu den Kosten dieser Veranstaltung heranzuziehen.

Sie unterscheiden sich von einander dadurch, daß

1) zu Beiträgen nur Grundeigenthümer und Gewerbetreibende herangezogen werden dürfen;

2) Gebühren nur unter der Voraussetzung einer Benutzung der Veranstaltung, Beiträge dagegen auch ohne solche Benutzung lediglich auf Grund der gewährten Vortheile erhoben werden;

3) Gebühren, je nachdem die Benutzung erfolgt, jedesmalig oder fortdauernd zu entrichten sind, wogegen es sich bei den Beiträgen um einen einmaligen Zuschuß handelt, der jedoch nicht in einem Betrage geleistet zu werden braucht, sondern auch in Theil- oder Ratenzahlungen entrichtet werden kann. (Ausf.-A. Art. 7).

Beiträge müssen in der Regel erhoben werden, wenn anderenfalls die Kosten, einschließlich der Ausgaben für die Verzinsung und Tilgung des aufgewendeten Kapitals, durch Steuern aufzubringen sein würden (§ 9, Abs. 2). Diese Voraussetzung liegt vor, sobald in einer Gemeinde, in welcher es sich um die Erhebung von Beiträgen handelt, überhaupt Steuern erhoben werden (Ausf.-A. Artikel 7).

Das Gesetz geht von der Annahme aus, daß die Gemeind über die Erhebung von Beiträgen in der Regel vor der Ausführung einer Veranstaltung Beschluß faßt; es gestattet die Erhebung abe auch nach Ausführung der Veranstaltung. Die Beitragsleistung darf sich niemals auf den gesammten Kostenbedarf der Veranstaltung erstrecken; der dem öffentlichen Interesse entsprechende Thei des Kostenbedarfs ist vielmehr aus den zur Bestreitung der allgemeinen Ausgaben bestimmten Einkünften der Gemeinde zu decken.

Um den betheiligten Grundeigenthümern und Gewerbetreibende die Wahrnehmung ihrer Interessen zu ermöglichen, ist denselben ein Beschwerderecht eingeräumt. Demgemäß ist der Plan der Veranstaltung nebst einem Nachweise der Kosten offen zu legen. Ferner ist der Beschluß der Gemeinde wegen Erhebung von Beiträgen unter der Angabe, wo und während welcher Zeit Plan nebst Kostennachweis zur Einsicht offen liegen, in ortsüblicher Weise mi dem Bemerken bekannt zu machen, daß Einwendungen gegen den Beschluß binnen einer bestimmt zu bezeichnenden Frist von mindestens 4 Wochen bei dem Gemeindevorstande anzubringen seien. Handelt es sich um eine Veranstaltung, welche nur einzelne Grundeigenthümer oder Gewerbetreibende betrifft, so genügt an Stell der Bekanntmachung eine Mittheilung an die Betheiligten.

Der Beschluß der Gemeinde wegen Erhebung von Beiträge bedarf stets der Genehmigung. Zu diesem Behufe ist derselbe nebst den dazu gehörigen Vorverhandlungen und der Anzeige, ob un welche Einwendungen innerhalb der gestellten Frist erhoben sind der zuständigen Behörde einzureichen. Der Beschluß der Letztere ist in gleicher Weise zur Kenntniß der Betheiligten zu bringen wie der Beschluß der Gemeinde bekannt gemacht worden ist. Gege den Beschluß der zuständigen Behörde steht den Betheiligten di Beschwerde offen.

Nach § 20 des Gesetzes (vgl. S. 15) ist die Verbindung vo Beiträgen mit einer Mehrbelastung unstatthaft. Dagegen kan bei einer und derselben Veranstaltung zugleich die Erhebung vo Gebühren und von Beiträgen eintreten, wenn durch eine diese beiden Vorausbelastungen eine volle Ausgleichung der den Pflichtige aus der Veranstaltung erwachsenen Vortheile nicht bewirkt wir

Unter den gleichen Voraussetzungen ist auch die Erhebung von Gebühren neben einer Mehrbelastung im Sinne des § 20, Abs. 2 zulässig (Ausf.-A. Artikel 7).

C. Gemeindesteuern.

I. Indirekte Gemeindesteuern (§§ 13—19).

Das Recht, indirekte Gemeindesteuern zu erheben, fehlte bisher den Gemeinden mehr oder weniger. Das K.-A.-G. legt ihnen diese Befugniß innerhalb der durch die Reichsgesetze und die Vorschriften in § 14 gezogenen Grenzen bei (§ 13). Der § 14 lautet:

„Steuern auf den Verbrauch von Fleisch, Getreide, Mehl, Backwerk, Kartoffeln und Brennstoffen aller Art dürfen nicht neu eingeführt oder in ihren Sätzen erhöht werden. Die Einführung einer Wildpret- nnd Geflügelsteuer ist jedoch auch in den früher nicht mahl- und schlachtsteuerpflichtigen Gemeinden zulässig. Die Steuersätze können abweichend von den Vorschriften des Erlasses vom 24. April 1848 (G.-S. S. 131) bemessen werden.

Wegen Forterhebung der Schlachtsteuer bewendet es bei den Bestimmungen des Gesetzes vom 25. Mai 1873 (G.-S. S. 222)."

In Ansehung der Verbrauchssteuern bestehen für die Gemeinden reichsgesetzliche Beschränkungen, hinsichtlich deren wir hier im Allgemeinen auf Artikel 10 der Ausf.-A. verweisen müssen. Hervorheben wollen wir nur,

1) daß die Besteuerung des Branntweins nur denjenigen Gemeinden gestattet ist, welche schon vor dem Abschlusse des Zollvereinigungsvertrages vom 8. Juli 1867 und seitdem ununterbrochen bis zur Gegenwart eine solche Abgabe erhoben haben, und zwar zu demjenigen Betrage, zu welchem die Abgabe innerhalb der Grenze des vertragsmäßigen Maximalsatzes (8,73 Pfennige für

1 Liter 50prozentigen Branntwein) erhoben worden ist. Die Einführung neuer und die Erhöhung bestehender kommunaler Branntweinsteuern ist ausgeschlossen, weil der für die kommunale Besteuerung und die Staatssteuern zusammen vorgesehene Maximalsatz durch das Reichsgesetz betr. die Besteuerung des Branntweins vom 24. Juni 1887 (R.-G.-B. S. 253) erfüllt ist;

2) daß die Besteuerung des Bieres allen Gemeinden mit der Beschränkung gestattet ist, daß der Steuersatz 20 Prozent des im Zollvereinigungsvertrage für die Staatssteuer vereinbarten Maximalsatzes nicht überschreitet; der höchste Satz der kommunalen Bierbesteuerung beträgt hiernach für das in einer Gemeinde eingeführte Bier 65 Pfennige für 1 Hektoliter und für das in einer Gemeinde gebraute Bier 50 Prozent der nach dem Reichsgesetze vom 31. Mai 1872 (R.-G.-Bl. S. 153) zu erhebenden Brausteuer. Sind in einzelnen Gemeinden schon vor dem Abschlusse des Zollvereinigungsvertrages und seitdem ununterbrochen bis zur Gegenwart höhere Abgaben von Bier erhoben worden, so ist die Forterhebung in dem bisherigen Betrage zulässig.

Den Gemeinden sind Vereinbarungen mit den Betheiligten gestattet, wonach der Jahresbetrag der zu entrichtenden indirekten Steuern für mehrere Jahre im Voraus fest bestimmt wird; die Vereinbarungen bedürfen der Genehmigung. Diese Vorschrift soll einerseits zur Erzielung einer größeren Gleichmäßigkeit des Steueraufkommens, andererseits zur Vermeidung lästiger und kostspieliger Kontrollen dienen.

Die Gemeinden sind ferner befugt Lustbarkeiten, einschließlich musikalischer und deklamatorischer Vorträge, sowie Schaustellungen umherziehender Künstler zu besteuern (§ 15); desgleichen das Halten von Hunden (§ 16). Die in letzterer Beziehung zur Zeit bestehenden gesetzlichen Vorschriften sind aufgehoben; nach Artikel 12 der Ausf.-A. wird aber auch fernerhin an denjenigen Bestimmungen des zur Zeit geltenden Rechts festzuhalten sein, welche, unabhängig von der Verschiedenheit der örtlichen Verhältnisse, eine überall zutreffende Begründung in sich tragen. Dies gilt namentlich von der Vorschrift, daß die Eigenthümer von Hunden insoweit mit der Besteuerung verschont werden sollen, als die Hunde zur Bewachung oder zum Gewerbebetriebe unentbehrlich sind. Desgleichen sind die bestehenden Vorschriften über die Verwendung des Aufkommens indirekter Steuern für bestimmte Zwecke (Kosten der Armenpflege u. s. w.) aufgehoben (§ 17), während es wegen der Befreiung der Militärspeiseeinrichtungen und ähnlicher Militäranstalten von den Verbrauchssteuern bei den bestehenden Bestimmungen (vgl. darüber Ausf.-A. Artikel 10, Nr. 4) bewendet (§ 18).

Die Einführung neuer und die Veränderung bestehender indirekter Gemeindesteuern kann nur durch Steuerordnungen, welche der Genehmigung bedürfen, erfolgen.

Nach § 72, Absatz 3 darf die Einführung neuer und die Erhöhung bestehender indirekter Steuern nicht durch die Aufsichtsbehörde angeordnet werden. „Die Voranstellung der indirekten vor den direkten Steuern in § 1 und in der Gliederung des Gesetzes enthält daher nur eine Mahnung an die Gemeinden, sie neben den direkten Steuern nach Möglichkeit ... auszustalten."

II. Direkte Gemeindesteuern (§§ 20—67).

a. Allgemeine Bestimmungen.

Die direkten Gemeindesteuern sind auf alle der Besteuerung unterworfenen Pflichtigen nach festen und gleichmäßigen Grundsätzen zu vertheilen. Handelt es sich jedoch um Veranstaltungen, welche in besonders hervorragenden oder geringen Maaße einem Theile des Gemeindebezirks oder einer Klasse von Gemeindeangehörigen zu Statten kommen und werden Beiträge nicht erhoben, so kann die Gemeinde eine entsprechende Mehr- oder Minderbelastung dieses Theiles des Gemeindebezirks oder dieser Klasse von Gemeindeangehörigen beschließen. Bei der Abmessung der Mehr- oder Minderbelastung ist namentlich der zur Herstellung und Unterhaltung der Veranstaltungen erforderliche Bedarf nach Abzug des etwaigen Ertrages in Betracht zu ziehen. Der Beschluß bedarf der Genehmigung (§ 20). Es tritt hier also wieder der Grundsatz von Leistung und Gegenleistung hervor.

Die auf besonderem Rechtstitel beruhenden Befreiungen einzelner Grundstücke von Gemeindesteuern bleiben fortbestehen, können jedoch auf Antrag der Gemeinden durch Zahlung des zwanzigfachen Jahreswerthes derselben nach dem Durchschnitte der letzten drei Jahre vor dem 1. April desjenigen Rechnungsjahres, in welchem die Ablösung beschlossen wird, abgelöst werden. Steht ein anderer Entschädigungsmaßstab fest, so hat es hierbei sein Bewenden (§ 21).

Die direkten Gemeindesteuern können erhoben werden:

1) vom Grundbesitz und Gewerbebetrieb (Realsteuer);

2) vom Einkommen der Steuerpflichtigen (Einkommensteuer).

Die Einkommensteuer kann zum Theil durch Aufwandssteuern, welche jedoch grundsätzlich die geringeren Einkommen nicht verhältnißmäßig höher als die größeren belasten dürfen, ersetzt werden. Mieths- und Wohnungssteuern dürfen nicht neu eingeführt werden. Die Einführung neuer und die Veränderung bestehender direkter Gemeindesteuern, welche nicht in Prozenten der vom Staate veranlagten Steuern erhoben werden, kann nur durch Steuerordnungen erfolgen; dieselben bedürfen der Genehmigung.

b) Besondere Bestimmungen.

1. Realsteuern.

a. Vom Grundbesitz (§§ 24—27).

Dieselben werden entweder als besondere Steuern vom Grundbesitz oder in Prozenten der vom Staate veranlagten Grund- und Gebäudesteuern erhoben.

Bei der Einführung besonderer Steuern vom Grundbesitz, welche nur durch eine der Genehmigung bedürfende Steuerordnung erfolgen darf, kann die Umlegung insbesondere erfolgen nach dem Reinertrage beziehungsweise Nutzungswerthe eines oder mehrerer Jahre, nach dem Pacht- beziehungsweise Miethswerthe oder dem gemeinen Werthe der Grundstücke und Gebäude, nach den in der Gemeinde stattfindenden Abstufungen des Grundbesitzes oder nach einer Verbindung mehrerer dieser Maßstäbe. Hiermit haben jedoch nur die für die Besteuerung des Grundbesitzes am nächsten liegenden

Maßstäbe bezeichnet werden sollen, ohne daß die Wahl anderer Maßstäbe ausgeschlossen wäre.

Sind besondere Steuern vom Grundbesitz nicht eingeführt, so erfolgt die Besteuerung in Prozenten der vom Staate veranlagten Grund- und Gebäudesteuern. Die auf Grund der Einlegung von Rechtsmitteln erfolgte Erhöhung oder Ermäßigung der veranlagten Steuer zieht die entsprechende Abänderung der Veranlagung zur Gemeindesteuer nach sich. Die Besteuerung neuerbauter oder vom Grunde aus wiederaufgebauter Gebäude, sowie die Steuererhöhung in Folge von Verbesserungen der Gebäude beginnt mit dem Ablaufe des Rechnungsjahres, in welchem die Bewohnbarkeit oder Nutzbarkeit eingetreten ist oder die Verbesserung vollendet ist.

Die Steuern vom Grundbesitz sind nach gleichen Normen und Sätzen zu vertheilen. Eine Ausnahme von diesem Grundsatze bildet die sogenannte Bauplatzsteuer; Liegenschaften, welche durch die Festsetzung von Baufluchtlinien in ihrem Werthe erhöht worden sind (Bauplätze), können nach Maßgabe dieses höheren Werthes zu einer höheren Steuer als die übrigen Liegenschaften herangezogen werden. Diese Besteuerung muß durch Steuerordnung geregelt werden.

Nach der Begründung des Gesetzes ist bei der Bauplatzsteuer an die Besteuerung namentlich solcher Grundstücke gedacht worden, welche in Gemeinden mit rascher und starker baulicher Entwicklung lediglich in Folge der Festlegung von Fluchtlinien eine mitunter sehr erhebliche Werthsteigerung erhalten, den Gegenstand der Spekulation bilden und von einzelnen Privatpersonen oder von Gesellschaften aufgekauft werden, um entweder alsbald vortheilhaft weiterverkauft oder aber in Erwartung einer weiteren Werthsteigerung zunächst zurückbehalten zu werden. Zu bemerken ist hierzu Folgendes:

1. Die Bauplatzsteuer betrifft nur Liegenschaften, d. h. unbebaute Grundstücke oder Grundstücktheile.

2. Sie hat die Festsetzung von Baufluchtlinien nach Maßgabe des Gesetzes vom 2. Juli 1875 zur Voraussetzung. Dagegen erstreckt sie sich nicht auf die an den älteren, sog. historischen Straßen belegenen Grundstücke.

3. Es ist nicht unbedingt erforderlich, daß die Straßen oder Straßentheile, für welche die Baufluchtlinien festgesetzt sind, gemäß

den baupolizeilichen Bestimmungen des Ortes für den öffentlichen Verkehr und den Anbau bereits fertiggestellt sind.

4. Die Bauplatzbesteuerung beschränkt sich nicht auf solche Grundstücke, welche unmittelbar an eine Baufluchtlinie angrenzen; es genügt, daß durch die Festsetzung von Baufluchtlinien eine Wertherhöhung stattgefunden hat. (Ausf.-A. Artikel 18.)

Den Steuern vom Grundbesitze sind sämmtliche in der Gemeinde belegenen Grundstücke mit Ausnahme der im § 24 des Gesetzes bezeichneten unterworfen. Die dort getroffenen Ausnahmebestimmungen sind im Wesentlichen bereits bestehendes Recht; wir beschränken uns deshalb darauf hier hervorzuheben, daß

a) Grundstücke und Gebäude des Staates, welche nur mittelbar dem öffentlichen Dienste oder Gebrauche oder welche zu Erwerbszwecken dienen, namentlich die Dienstgrundstücke und Dienstwohnungen der Beamten, die Befreiung nicht genießen und

b) Dienstgrundstücke und Dienstwohnungen der Geistlichen, Kirchendiener und Volksschullehrer steuerfrei sind, soweit ihnen bisher die Befreiung von den Gemeindeauflagen zugestanden hat.

b. Vom Gewerbebetriebe (§§ 28—32).

Auch hier ist den Gemeinden die Erhebung *besonderer* Gewerbesteuern oder die Besteuerung in *Prozenten* der vom Staate veranlagten Gewerbesteuer wahlweise gestattet.

Bei der Einführung besonderer Gewerbesteuern können dieselben namentlich bemessen werden nach dem Ertrage des letzten Jahres oder einer Reihe von Jahren, nach dem Werthe des Anlage- und Betriebskapitals, nach sonstigen Merkmalen für den Umfang des Betriebes oder nach einer Verbindung mehrerer dieser Maßstäbe.

Sind besondere Gewerbesteuern nicht eingeführt, so erfolgt die Besteuerung in Prozenten der vom Staate veranlagten Gewerbesteuer. Die auf Grund der Einlegung von Rechtsmitteln erfolgte Erhöhung oder Ermäßigung der veranlagten Gewerbesteuer zieht die entsprechende Abänderung der Veranlagung zur Gemeindesteuer nach sich. Die Veranlagung hat sich auf sämmtliche Gewerbebetriebe, einschließlich des Bergbaues, zu erstrecken, welche der Gemeindebesteuerung unterliegen.

Eine verschiedene Abstufung der Gewerbesteuersätze und Prozente ist mit staatlicher Genehmigung zulässig:

1. wenn die einzelnen Gewerbearten in verschiedenem Maße von den Veranstaltungen der Gemeinde Vortheil ziehen oder der Gemeinde Kosten verursachen, und soweit die Ausgleichung nicht durch die Erhebung von Gebühren oder Beiträgen oder durch Mehrbelastung erfolgt;

2. wenn die gewerblichen Gebäude in stärkerem Verhältniß zur Gebäudesteuer herangezogen werden, als es auf Grundlage der staatlichen Gebäudesteuer der Fall sein würde, oder wenn die gewerblich benutzten Räume einer Miethssteuer unterliegen.

Den Gewerbesteuern unterliegen in den Gemeinden, in denen der Betrieb stattfindet,

1) die nach dem Gewerbesteuergesetz vom 24. Juni 1891 zu veranlagenden stehenden Gewerbe;

2) die landwirthschaftlichen Branntweinbrennereien;

3) der Bergbau;

4) die gewerbsmäßige Gewinnung von Bernstein, Ausbeutung von Torfstichen, von Sand-, Kies-, Lehm-, Mergel-, Thon- und dergleichen Gruben, von Stein-, Schiefer-, Kalk-, Kreide- und dergleichen Brüchen;

5) die Gewerbebetriebe kommunaler und anderer öffentlicher Verbände;

6) die Gewerbebetriebe des Staates und der Reichsbank.

Diejenigen zu 2 bis 6 bleiben von der Steuer befreit, wenn bei ihnen weder der jährliche Ertrag 1500 Mark, noch das Anlage- und Betriebskapital 3000 Mark erreicht; dasselbe ist bei den nach § 3 Nr. 4 des Gewerbesteuergesetzes vom 24. Juni 1891 steuerfreien Gewerbebetrieben der Kommunalverbände der Fall. Auf die Betriebssteuer findet diese Bestimmung keine Anwendung.

Der Betrieb der Staatseisenbahnen und der der Eisenbahnabgabe unterliegenden Privateisenbahnen ist gewerbesteuerfrei. Der Gewerbebetrieb im Umherziehen ist der Gewerbesteuer in den Gemeinden nicht unterworfen.

Erstreckt sich ein Gewerbebetrieb über mehrere Gemeindebezirke, so hat für den Fall der Erhebung von Prozenten der veranlagten Gewerbesteuer der zuständige Steuerausschuß auch für die oben unter Nr. 2 bis 6 bezeichneten Betriebe die Zerlegung des Gesammtsteuersatzes in die auf die einzelnen Gemeinden entfallenden Theilbeträge zu bewirken (§ 38 des Gewerbesteuergesetzes vom 24. Juni 1891). Werden besondere Gewerbesteuern umgelegt, so hat die Veranlagung nur nach Maßgabe des in der Gemeinde belegenen Theiles des Gewerbebetriebes zu erfolgen, bei besonderen Gewerbesteuern nach dem Ertrage unter sinngemäßer Anwendung der in den §§ 47, 48 des K.=A.=G. getroffenen Bestimmungen.

2. Gemeindeeinkommensteuer (§§ 33—52).

Auch diese tritt in Form von Zuschlägen zur Staatseinkommensteuer und als besondere Gemeindeeinkommensteuer auf.

Nach § 36 dürfen Gemeindesteuern vom Einkommen, unbeschadet der Vorschrift, daß die Einkommensteuer zum Theil durch Aufwandssteuern ersetzt werden können und unbeschadet der Bestimmungen über die Veranlagung von Theileinkommen (§§ 49 bis 51), nur auf Grund der Veranlagung zur Staatseinkommensteuer und in der Regel nur in Form von Zuschlägen erhoben werden. Diese Zuschläge müssen gleichmäßig sein; Zuschläge zur Ergänzungssteuer sind unzulässig. Ist das gemeindesteuerpflichtige Einkommen ganz oder zum Theil zur Staatseinkommensteuer nicht veranlagt, so ist der dem Zuschlage zu Grunde zu legende Steuersatz, sofern sich aus den §§ 44 bis 46 (Berechnung des steuerpflichtigen Einkommens der fiskalischen Domänen, Staats= und Privatbahnen) nicht ein Anderes ergiebt, nach den für die Veranlagung der Staatseinkommensteuer geltenden Vorschriften zu ermitteln. Die auf Grund der Einlegung von Rechtsmitteln, sowie die auf Grund der §§ 57, 58 des Einkommensteuergesetzes vom 24. Juni 1891 erfolgte Erhöhung oder Ermäßigung der veranlagten Staatseinkommensteuer zieht die entsprechende Abänderung des Gemeindezuschlags nach sich.

Besondere Gemeindeeinkommensteuern sind nach § 37 nur aus besonderen Gründen gestattet und bedürfen der Genehmigung.

Die bei der Veranlagung zur Staatseinkommensteuer erfolgte Feststellung des Einkommens und die Stufen des Steuertarifs der Staatseinkommensteuer dürfen nicht abgeändert werden. Veränderungen der Sätze des Steuertarifs sind nur mit der Maßgabe zulässig, daß der Prozentsatz der Besteuerung des Einkommens bei den unteren Stufen nicht höher sein darf, als bei den oberen Stufen, und daß das im Tarif der Staatseinkommensteuer enthaltene Steigerungsverhältniß der Sätze nicht zu Ungunsten der oberen Stufen geändert werden darf. Die Beibehaltung bestehender besonderer Gemeindeeinkommensteuern kann mit Zustimmung der Minister des Innern und der Finanzen ausnahmsweise und aus besonderen Gründen auch dann genehmigt werden, wenn sie den vorstehenden Vorschriften nicht entsprechen.

Ueber den Begriff der besonderen Gemeindeeinkommensteuer ergiebt der Artikel 29 der Ausf.-A. das Nähere; bei Aufstellung des Tarifs für eine solche würde es gemäß der obigen Bestimmungen z. B. zulässig sein, den Prozentsatz der Steuer im Mittel des Einkommens für alle Stufen gleichmäßig auf 1, 2, 3 oder 4 Prozent festzusetzen; es würde dagegen nicht gestattet sein, den Prozentsatz in der 12. Stufe demjenigen in der 13. Stufe gleichzustellen, also von 2,03 auf 2,13 zu erhöhen und in den unteren Stufen ohne eine entsprechende Erhöhung unverändert zu belassen.

In den §§ 33—35 und 38—43 giebt das K.-A.-G. Vorschriften über die Steuerpflicht, welche der Hauptsache nach bereits bestehendes Recht sind und sich im Wesentlichen an die Bestimmungen des sogenannten Kommunalnothsteuergesetzes vom 27. Juli 1885 anschließen. Dasselbe gilt bezüglich der in den §§ 44—51 enthaltenen Anordnungen über die Berechnung des steuerpflichtigen Einkommens der fiskalischen Domänen, Staats- und Privatbahnen, sowie über Vermeidung von Doppelbesteuerungen. Wir müssen bezüglich aller dieser Vorschriften unsere Leser auf das Gesetz selbst verweisen und uns darauf beschränken, folgende das bestehende Recht abändernde Bestimmungen hervorzuheben:

„§ 34. Das Einkommen aus bebauten und unbebauten Grundstücken, welche ganz oder zum Theil nach § 24 der Steuer vom Grundbesitz nicht unterworfen sind, unterliegt insoweit auch nicht der Gemeindeeinkommensteuer.

§ 39. Die Gemeinde kann beschließen, Ausländer und Angehörige anderer Bundesstaaten, welche in der Gemeinde einen Wohnsitz, aber nicht des Erwerbes wegen, haben, auf die Dauer von höchstens drei Jahren zu der Gemeindeeinkommensteuer nicht oder nur mit einem ermäßigten Prozentsatze heranzuziehen.

§ 43. Den Gemeinden sind Vereinbarungen mit Steuerpflichtigen gestattet, wonach von fabrikmäßigen Betrieben und von Bergwerken an Stelle der Gemeindesteuer vom Einkommen und vom Gewerbebetriebe ein für mehrere Jahre im Voraus zu bestimmender fester jährlicher Steuerbeitrag zu entrichten ist. Die Vereinbarung bedarf der Genehmigung.

§ 51. Ist das der Staatseinkommensteuer unterliegende Gesammteinkommen eines Steuerpflichtigen nach seinen Theilen in mehreren preußischen Gemeinden steuerpflichtig, so darf das in diesen Gemeinden steuerpflichtige Einkommen im Ganzen den Höchstbetrag derjenigen Steuerstufe nicht übersteigen, in welcher der Steuerpflichtige bei der Veranlagung zur Staatseinkommensteuer eingeschätzt worden ist. Zu diesem Behufe sind die Theile des Einkommens, sofern sie auch nach erfolgter Richtigstellung im Ganzen den Höchstbetrag der Steuerstufe übersteigen, verhältnißmäßig herabzusetzen (§§ 71 und 74).

Besitzt der Steuerpflichtige in einer Gemeinde verschiedene Quellen von Einkommen, so sind dieselben für die Besteuerung in der Gemeinde als ein Ganzes zu erachten."

3. Verpflichtung der Betriebsgemeinden zur Leistung von Zuschüssen (§ 53).

Wenn einer Gemeinde, welcher ein Besteuerungsrecht nach dem K.-A.-G. nicht zusteht, durch den in einer anderen Gemeinde stattfindenden Betrieb von Berg-, Hütten- oder Salzwerken, Fabriken oder Eisenbahnen nachweisbar Mehrausgaben für Zwecke des öffentlichen Volksschulwesens oder der öffentlichen Armenpflege erwachsen, welche im Verhältnisse zu den ohne diese Betriebe für die erwähnten

Zwecke nothwendigen Gemeindeausgaben einen erheblichen Umfang reichen und eine Ueberbürdung der Steuerpflichtigen herbeizuführen eeignet sind, so ist eine solche Gemeinde berechtigt, von der Beriebsgemeinde einen angemessenen Zuschuß zu verlangen. Bei der Bemessung desselben sind neben der Höhe der Mehrausgaben auch ie nachweisbar der Gemeinde erwachsenden Vortheile zu berücksichtigen. Die Zuschüsse der Betriebsgemeinde dürfen in keinem Falle mehr als die Hälfte der gesammten in der Betriebsgemeinde on den betreffenden Betrieben zu erhebenden direkten Gemeindeteuern betragen. Liegt der Betrieb in einem Gutsbezirk, so richtet ch der Anspruch gegen den Gewerbetreibenden; der Zuschuß darf i diesem Falle den vollen Satz der staatlich veranlagten Gewerbeteuer nicht übersteigen. Ueber den Anspruch beschließt im Falle er Nichteinigung der Betheiligten, der Kreis- bezw. Bezirksaushuß vorbehaltlich der Klage im Verwaltungsstreitverfahren.

4. Vertheilung des Steuerbedarfs auf die verschiedenen Steuerarten (§§ 54—59).

Wir lassen hier zunächst die §§ 54—56 in ihrem vollem Vortlaut folgen, da sie zu den wichtigsten Vorschriften des Geetzes gerechnet werden müssen und für unsere Darstellung vorzugsweise in Betracht kommen:

„§ 54. Die vom Staate veranlagten Realsteuern sind in er Regel mindestens zu dem gleichen und höchstens zu einem um ie Hälfte höheren Prozentsatze zur Kommunalsteuer heranzuziehen, ls Zuschläge zur Staatseinkommensteuer erhoben werden.

So lange die Realsteuern 100 Prozent nicht übersteigen, ist ie Freilassung der Einkommensteuer oder eine Heranziehung derelben mit einem geringeren als dem im ersten Absatze bezeichneten Prozentsatze zulässig.

Werden mehr als 150 Prozent der staatlich veranlagten Realeuern erhoben und ist die Staatseinkommensteuer mit 150 Prozent elastet, so können von dem Mehrbetrage für jedes Prozent der aatlich veranlagten Realsteuern 2 Prozent der Staatseinkommeneuer erhoben werden.

Mehr als 200 Prozent der Realsteuern dürfen in der Regel nicht erhoben werden.

§ 55. Zuschläge über den vollen Satz der Staatseinkommensteuer hinaus, sowie Abweichungen von den im § 54 enthaltenen Vorschriften bedürfen der Genehmigung; die Abweichungen sind nur aus besonderen Gründen zu gestatten.

In beiden Fällen ist davon auszugehen, daß Aufwendungen der Gemeinde, welche in überwiegendem Maße dem Grundbesitze und dem Gewerbebetriebe zum Vortheile gereichen, insoweit in der Regel durch Realsteuern gedeckt werden sollen, sofern die Ausgleichung nicht nach §§ 4, 9, 10 oder 20*) erfolgt. Zu solchen Aufwendungen gehören namentlich die Ausgaben für den Bau und die Unterhaltung von Straßen und Wegen, für Ent- und Bewässerungsanlagen, sowie für die Verzinsung und Tilgung der zu derartigen Zwecken aufgenommenen Schulden.

§ 56. Zur Deckung des durch Realsteuern aufzubringenden Steuerbedarfs sind die veranlagten Grund-, Gebäude- und Gewerbesteuern in der Regel mit dem gleichen Prozentsatze heranzuziehen.

Genießen jedoch die Grund- (Haus-) Besitzer oder Gewerbetreibenden von Veranstaltungen der Gemeinde besondere Vortheile oder verursachen sie der Gemeinde besondere Kosten, so ist, sofern die Ausgleichung nicht nach §§ 4, 9, 10 oder 20 erfolgt, der durch die Realsteuern aufzubringende Steuerbedarf (§§ 54, 55) auf die Steuern vom Grund- (Haus-) Besitz und Gewerbebetrieb, in Prozenten der veranlagten Realsteuern berechnet, anderweitig entsprechend unterzuvertheilen, jedoch mit der Maßgabe, daß Grund- und Gebäudesteuer höchstens doppelt so stark herangezogen werden, wie die Gewerbesteuer und umgekehrt.

Ausnahmen können aus besonderen Gründen von den Ministern des Innern und der Finanzen zugelassen werden.

Vorstehende Bestimmungen finden sinngemäße Anwendung auf die Heranziehung der Grundsteuer im Verhältniß zur Gebäudesteuer.

---

*) D. i. durch Gebühren, Beiträge oder Mehrbelastung.

Die Untervertheilung (Absatz 2 und 4) bedarf der Genehmigung*). Die vorstehenden Bestimmungen bezwecken, die Belastung der Staatseinkommensteuer mit Gemeindezuschlägen über das gerechtfertigte Maß hinaus zu verhüten und wollen auch bei der Vertheilung des durch direkte Steuern aufzubringenden Bedarfs auf die einzelnen Steuerarten den Grundsatz von Leistung und Gegenleistung zur Geltung bringen.

Bei der Vertheilung des Steuerbedarfs nach Maßgabe der §§ 54—56 ist das Aufkommen besonderer Gemeindesteuern je nach ihrer Einrichtung und Beschaffenheit auf denjenigen Theil des Steuerbedarfs zu verrechnen, welcher durch Prozente der entsprechenden, vom Staate veranlagten Steuer aufzubringen ist. Miethssteuern von gewerblich benutzten Räumen sind auf die Gewerbesteuer zu verrechnen (§ 57).

Auf die Betriebs- und Bauplatzsteuer finden die Bestimmungen der §§ 54, 56 und 57 keine Anwendung. Zuschläge zu der Betriebssteuer, die 100 Prozent übersteigen, bedürfen der Genehmigung.

Ueber die Vertheilung des Steuerbedarfs nach den vorstehenden Bestimmungen hat die Gemeinde bis zum Ablaufe der ersten drei Monate des Rechnungsjahres Beschluß zu fassen. Kommt bis zu diesem Zeitpunkte ein gültiger Beschluß nicht zu Stande, so werden behufs Deckung des Steuerbedarfs die Realsteuern mit einem um die Hälfte höheren Prozentsatze als die Einkommensteuer, unter sich nach gleichen Prozentsätzen herangezogen. Die Aufsichtsbehörde ist jedoch befugt, die Deckung des Steuerbedarfs nach Maßgabe der §§ 54, 55 anzuordnen. Der hiernach zur Anwendung gelangende Maßstab behält so lange Geltung, als nicht bis zum Ablaufe der ersteu drei Monate des jedesmaligen Rechnungsjahres ein gültiger Gemeindebeschluß über die Vertheilung des Steuerbedarfs zu Stande gekommen ist.

*) Durchaus irrig ist die weit verbreitete Ansicht, nach den Bestimmungen der §§ 54, 55 bezw. dem Gesetze wegen Aufhebung direkter Staatssteuern seien die Gemeinden befugt, vorweg die vom Staate aufgegebenen Realsteuern in der veranlagten Höhe zu erheben und dieselben außerdem noch mit den in diesen Paragraphen vorgesehenen Prozentsätzen zu belasten.

5. Zeitliche Begrenzung der Steuerpflicht (§ 60).

Soweit sich die Gemeindesteuern den Staatssteuern anschließen und etwas Anderes nicht bestimmt ist, gelten für den Zeitpunkt des Beginnes und des Erlöschens der Steuerpflicht die für die entsprechende Staatssteuer bestehenden Vorschriften.

Soweit der Zeitpunkt des Beginnens und Erlöschens der Steuerpflicht sich hiernach nicht bestimmen läßt, gelangen die Vorschriften im § 60, Abs. 2 zur Anwendung, bezüglich welcher wir auf das Gesetz selbst verweisen müssen.

6. Veranlagung und Erhebung (§§ 61—67).

Die Veranlagung erfolgt durch den Gemeindevorstand oder durch einen besonderen Steuerausschuß der Gemeinde, dessen Zusammensetzung und Geschäftsordnung unter sinngemäßer Anwendung der Vorschriften der §§ 50, Abs. 3 bis einschließlich 54 des Einkommensteuergesetzes vom 24. Juni 1891 durch Gemeindebeschluß zu bestimmen sind. Dem Gemeindevorstande (Steuerausschuß) sind von den zuständigen Staatsbehörden diejenigen bei der Veranlagung oder Festsetzung der Staatssteuern bekannt gewordenen Besteuerungsmerkmale, deren er für die Veranlagung bedarf, auf Ersuchen mitzutheilen. Zu dem gleichen Zwecke haben die Behörden anderer Gemeinden hinsichtlich der ihnen bekannten Besteuerungsmerkmale dem Gemeindevorstande (Steuerausschuß) auf Erfordern Auskunft zu ertheilen.

Durch eine Steuerordnung kann der Gemeindevorstand (Steuerausschuß), soweit er nicht auf anderem Wege zur Kenntniß der für die Veranlagung maßgebenden Besteuerungsmerkmale gelangt ist, ermächtigt werden, von den Steuerpflichtigen hierüber binnen einer angemessenen Frist Auskunft zu erfordern. Die Aufforderung muß durch eine besondere, dem Steuerpflichtigen zuzustellende Zuschrift erfolgen. Die Verpflichtung zur Auskunftsertheilung erstreckt sich nur auf die Beantwortung der bei der Aufforderung gestellten Fragen über bestimmte Thatsachen. Soweit es sich um Schätzungen handelt, ist der Steuerpflichtige eine Erklärung abzugeben berechtigt, aber nicht verpflichtet. Wird die Auskunftsertheilung beanstandet, so sind dem Steuerpflichtigen vor der Veranlagung die Gründe der Beanstandung mit dem Anheimstellen mitzutheilen, hierüber binnen einer angemessenen Frist eine weitere Erklärung abzugeben.

Durch Steuerordnung kann ferner bestimmt werden, daß die Veranlagung besonderer Realsteuern für mehrere aufeinanderfolgende Rechnungsjahre zu erfolgen hat.

Wegen der Erhebung der Steuer und der Bekanntmachung der Steuersätze an die Pflichtigen sind die §§ 66, 67 zu vergleichen, welche wesentlich Neues nicht enthalten.

D. Naturaldienste.

Der § 68 bestimmt:

„Die Steuerpflichtigen können durch Gemeindebeschluß zu Naturaldiensten (Hand- und Spanndiensten) herangezogen werden.

Spanndienste sind von den Grundbesitzern nach dem Verhältniß der Anzahl der Zugthiere, welche die Bewirthschaftung ihres im Gemeindebezirk belegenen Grundbesitzes erfordert, Handdienste von sämmtlichen Steuerpflichtigen gleichheitlich zu leisten. Ob und inwieweit hierbei den gespannhaltenden Grundbesitzern die ihnen obliegenden Spanndienste auf das Maaß der auf sie entfallenden Handdienste anzurechnen sind bestimmt sich nach den hierüber getroffenen vertragsmäßigen oder statutarischen Festsetzungen oder dem Herkommen. Im Zweifelsfalle wird vermuthet, daß die gespannhaltenden Grundbesitzer nur bei solchen Arbeiten, bei welchen zugleich Spanndienste vorkommen, von den Handdiensten befreit sind. Abweichungen von diesen Bestimmungen, insbesondere die Heranziehung von anderen gespannhaltenden Steuerpflichtigen zu Spanndiensten, bedürfen der Genehmigung.

Die Dienste können mit Ausnahme von Nothfällen durch taugliche Stellvertreter abgeleistet werden.

Die Gemeinde kann gestatten, daß an Stelle des Naturaldienstes ein angemessener Geldbeitrag geleistet wird.

Die gemäß § 38 dieses Gesetzes von den Gemeindeabgaben ganz oder theilweise freigelassenen Steuerpflichtigen können nach Maaßgabe der Bestimmung des Absatzes 2 zu Naturaldiensten herangezogen werden.

Die in §§ 40, 41, 42 aufgeführten Personen sind von Naturaldiensten, soweit diese nicht auf den ihnen gehörigen Grundstücken lasten, befreit; untere Kirchendiener insoweit, als ihnen diese Befreiung seither rechtsgültig zustand."

E. Rechtsmittel (§§ 69—76).

Dem Abgabepflichtigen steht gegen die Heranziehung (Veranlagung) zu Gebühren, Beiträgen, Steuern und Naturaldiensten der Einspruch zu. Das Rechtsmittel ist binnen einer Frist von vier Wochen bei dem Gemeindevorstande einzulegen. Die Frist beginnt: 1. soweit die Bekanntmachung durch Auslegung der Hebelisten erfolgt ist, mit dem ersten Tage nach Ablauf der Auslegungsfrist; 2. soweit eine besondere Mittheilung vorgeschrieben ist, mit dem ersten Tage nach erfolgter Mittheilung; 3. in allen übrigen Fällen mit dem ersten Tage nach der Aufforderung zur Zahlung beziehungsweise Leistung.

Einsprüche, welche sich gegen den der Veranlagung zu Grunde liegenden Staatssteuersatz und bei besonderen Gemeindeeinkommensteuern gegen die Höhe des zur Staatseinkommensteuer veranlagten Einkommens richten, sind unzulässig.

Ueber den Einspruch beschließt der Gemeindevorstand. Gegen den Beschluß steht dem Pflichtigen binnen einer mit dem ersten Tage nach erfolgter Zustellung beginnenden Frist von zwei Wochen die Klage im Verwaltungsstreitverfahren offen. Zuständig in erster Instanz ist für Landgemeinden der Kreisausschuß, für Stadtgemeinden der Bezirksausschuß. Der Entscheidung im Verwaltungsstreitverfahren unterliegen desgleichen Streitigkeiten zwischen Betheiligten über ihre in dem öffentlichen Rechte begründete Verpflichtung zu den oben bezeichneten Lasten.

F. Aufsicht (§§ 77, 78).

Für die Ertheilung der im K.-A.-G. vorbehaltenen Genehmigungen ist bei Stadtgemeinden der Bezirksausschuß, bei Landgemeinden der Kreisausschuß zuständig. Die Genehmigung von Gemeindebeschlüssen, durch welche a) besondere direkte oder indirekte Gemeindesteuern neu eingeführt oder in ihren Grundsätzen verändert, b) Abweichungen von den im § 54 vorgeschriebenen Vertheilungsregeln, c) Zuschläge über den vollen Satz der Staatseinkommensteuer hinaus (§ 55) angeordnet werden, bedarf der Zustimmung der Minister des Innern und der Finanzen. Den Ministern ist gestattet, die Ertheilung der Zustimmung auf die ihnen untergeordneten Aufsichtsbehörden höherer Instanz zu übertragen. Auf Grund dieser Bestimmung haben die Minister die Ertheilung der Zustimmung zu Gemeindebeschlüssen, durch welche für das Rechnungsjahr 1895/96 bei einer den Absichten des Gesetzes entsprechenden Heranziehung der Realsteuern Zuschläge zur Staatseinkommensteuer bis zum Betrage von 150 Prozent einschließlich angeordnet werden, für die Landgemeinden dem Regierungspräsidenten, für die Stadtgemeinden dem Oberpräsidenten übertragen.

Wegen der den Aufsichtsbehörden durch den § 78 beigelegten Befugnisse vgl. oben S. 2 und 7.

G. Strafen (§§ 79—82).

In den Steuerordnungen können Strafen gegen Zuwiderhandlungen bis zur Höhe von 30 Mark angedroht werden. Die Strafen sind durch den Gemeindevorstand festzusetzen und nach eingetretener Rechtskraft (§ 459 der Strafprozeßordnung vom 1. Februar 1877) im Verwaltungszwangsverfahren beizutreiben.

H. Nachforderungen und Verjährungen (§§ 83—88).

Steuerpflichtige, welche bei der Veranlagung direkter Gemeindesteuern übergangen sind, sind zur Entrichtung des der Gemeindekasse entzogenen Betrages verpflichtet. Die Verpflichtung erstreckt sich auf die drei Rechnungsjahre zurück, welche dem Rechnungsjahre, in dem die Verkürzung festgestellt worden, vorausgegangen sind (§ 84).

Die Berechtigung der Gemeinden zur Nachforderung anderer Gemeindeabgaben als direkter Steuern beschränkt sich ohne Unterscheidung, ob die Abgabe gar nicht oder mit einem zu geringen Betrage erhoben worden ist,

1. bei Verbrauchsabgaben auf die Frist eines Jahres, vom Tage des Eintritts der Zahlungsverbindlichkeit an gerechnet,
2. bei sonstigen indirekten Steuern, Gebühren und Beiträgen (§§ 4—11) sowie bei Kosten auf die Frist von drei Jahren seit dem Ablaufe desjenigen Jahres, in welchem die Forderung entstanden ist.

Die Nachforderung von Naturaldiensten ist, sofern die Nachleistung überhaupt noch möglich ist, auf die Dauer des laufenden Rechnungsjahres beschränkt (§ 87).

Zur Hebung gestellte Gemeindeabgaben und Kosten, welche im Rückstande verblieben oder befristet sind, verjähren in 4 Jahren, von dem Ablaufe des Jahres an gerechnet, in welches der Zahlungstermin fällt (§ 88).

I. Kosten und Zwangsvollstreckung (§§ 89, 90).

Die Kosten der Veranlagung und Erhebung der Abgaben fallen, insoweit hierüber nicht durch § 14 des Gesetzes wegen Aufhebung direkter Staatssteuern anderweitige Bestimmung getroffen ist, der Gemeindekasse zur Last.

Gebühren, Beiträge, Steuern und Kosten, sowie die nach einem von der Aufsichtsbehörde festgestellten Tarife erhobenen Vergütungen (Kurtaxen u. s. w.) unterliegen der Beitreibung im Verwaltungszwangsverfahren nach Maaßgabe der Verordnung vom 7. September 1879. Sind Naturaldienste zu leisten, so ist der Gemeindevorstand bei Säumniß der Pflichtigen befugt, die Dienste durch Dritte leisten und die entstehenden Kosten von dem Ersteren im Verwaltungszwangsverfahren beitreiben zu lassen.

Schluß-, Ausführungs- und Uebergangsbestimmungen (§§ 94—97).

Alle im K.-A.-G. vorgeschriebenen Fristen sind Ausschlußfristen und beginnen, soweit im Gesetze nichts Anderes bestimmt ist, mit der Zustellung des Beschlusses oder der sonstigen Anordnung. Der Tag der Zustellung wird nicht mitgerechnet. Im Uebrigen sind für den Beginn und die Berechnung der Fristen die bürgerlichen Prozeßgesetze maßgebend (§ 94).

Das Rechnungsjahr für den Gemeindehaushalt beginnt mit dem 1. April und schließt mit dem 31. März. Die Gemeindebehörden können beschließen, an Stelle des Rechnungsjahres eine Periode von zwei oder drei Rechnungsjahren treten zu lassen (§ 95).

Mit dem Inkrafttreten des K.-A.-G. treten alle demselben entgegenstehenden gesetzlichen Bestimmungen außer Kraft. Unberührt bleiben die Vorschriften wegen Erhebung von Bürgerrechtsgeldern, Einkaufsgeldern und gleichartigen Abgaben (§ 96; wegen des sonstigen Inhalts desselben vgl. oben).

II.

Die für die Neuordnung des Gemeindeabgabenwesens und die Aufstellung eines Planes zur Ausführung des Kommunal-Abgabengesetzes wesentlich in Betracht zu ziehenden Gesichtspunkte.

Welchen Abänderungen die Finanzverfassung einer bestimmten Gemeinde unterliegen muß, um mit den Vorschriften des K.-A.-G. in Einklang gebracht zu werden, muß sich selbstverständlich nach der gesammten Entwicklung und den örtlichen Verhältnissen dieser Gemeinde richten. Ein für alle Fälle passendes allgemeines Schema für die Neuordnung des Gemeindeabgabenwesens kann deshalb nicht aufgestellt werden; auch wir müssen uns — wie schon die Ueberschrift dieses Abschnittes andeutet, — darauf beschränken, hier die für die fragliche Umgestaltung vornehmlich in Betracht kommenden Gesichtspunkte hervorzuheben und an der Hand des Gesetzes, der Ausführungsanweisung und der Uebergangsbestimmungen zu erläutern.

Die Ausführung des K.-A.-G. in einer bestimmten Gemeinde muß jedesmal durch eine eingehende Prüfung ihrer Finanz-Verfassung und Verwaltung eingeleitet werden, welcher erforderlichenfalls die Aufstellung eines Planes über die Umgestaltung des Abgabenwesens nachzufolgen hat. Prüfung und Planaufstellung liegen dem Gemeindevorstande ob, es wird jedoch zweckmäßig sein, wenn sich derselbe hierbei von vornherein mit der Gemeindevertretung ins Einvernehmen setzt und sich — wenigstens hinsichtlich der Hauptgrundzüge des Planes — des Einverständnisses derselben versichert (Uebergangsbestimmungen I No. 3).

Durch die vorzunehmende Prüfung soll festgestellt werden, welche Abänderungen und Einrichtungen in der Gemeinde nothwendig werden, um deren Finanzwesen in einer dem Geiste des K.-A.-G. entsprechenden Weise auszugestalten. Der Gemeindevorstand wird daher bei seiner Prüfung vor Allem auf die Grundgedanken und die Absicht des Gesetzes zurückgehen und sich stets vergegenwärtigen müssen, daß nach § 2 die Gemeinden von der Befugniß, Steuern zu erheben, nur insoweit Gebrauch machen dürfen, als die sonstigen Einnahmen, insbesondere aus dem Gemeindevermögen, aus Gebühren und Beiträgen zur Deckung ihrer Ausgaben nicht ausreichen und daß durch direkte Steuern nur der Bedarf aufgebracht werden darf, welcher nach Abzug des Aufkommens der indirekten Steuern von dem gesammten Steuerbedarfe verbleibt.

Wird hieran festgehalten, so wird sich der Gemeindevorstand bezw. die Gemeindevertretung bei der Prüfung des Gemeindehaushalts hauptsächlich folgende Fragen vorzulegen haben:

1. Wird das Gemeindevermögen in zweckmäßiger Weise verwaltet und zur Erzielung von Einkünften ausgenutzt? Vgl. K.-A.-G. § 2.

Von den Bestandtheilen dieses Vermögens sind das unbewegliche Vermögen (Grundbesitz), dessen Erhaltung den Gemeinden nicht genug ans Herz gelegt werden kann, und der Besitz an Kapitalien von besonderer Bedeutung.

Da der Grundbesitz in der Regel durch Verpachtung genutzt wird, so ist vom Gemeindevorstande in erster Linie zu untersuchen, ob die Pacht- und Miethszinsen für Grundstücke, Gebäude und Berechtigungen als angemessen betrachtet werden können; ist dies nicht der Fall, so wird auf eine Lösung der bestehenden Pacht- und Miethsverhältnisse und auf eine vortheilhaftere Verpachtung ꝛc. Bedacht genommen werden müssen. Die Prüfung darf sich aber nicht auf diesen einen Punkt beschränken; es wird vielmehr noch manches Andere zu erwägen sein. So z. B. ob bisher ertraglose Grundstücke, an denen es wohl in keiner Gemarkung fehlt, auf irgend eine Weise — vielleicht durch Verpachtung zu Lagerplätzen, für Buden oder dergl. — nutzbar gemacht werden können; ob sich die fernere Beibehaltung der bisher üblichen gemeinschaftlichen Benutzung von Grundstücken (zur Weide, zum Torfstich ꝛc.) vom wirthschaftlichen Standpunkte aus rechtfertigt oder ob nicht eine andere Art der Benutzung den Vorzug verdient; ob Wald und Weide nicht reichere Erträge liefern werden, wenn schädliche

Servituten (Harken von Waldstreu, Waldweide ꝛc.) abgelöst werden u. s. w. Endlich ist festzustellen, ob die Nutzungen des Gemeindevermögens im engeren Sinne (des sogenannten Kämmereivermögens) ihrer Bestimmung entsprechend auch sämmtlich zur Bestreitung von Gemeindeausgaben verwendet werden und in die Gemeindekasse fließen. Obgleich dies eigentlich selbstverständlich ist, so bestehen doch in zahlreichen Gemeinden in dieser Beziehung Mißbräuche. So kommt es namentlich immer noch vor, daß einzelne Nutzungen der Gemeindewaldungen trotz aller Bemühungen der Aufsichtsbehörden, dies zu verhüten, nicht zur Gemeindekasse vereinnahmt, sondern auf Grund angeblicher Berechtigungen an einzelne Gemeindemitglieder abgegeben werden. Wo dies der Fall ist, da wird es Pflicht der Gemeindevorstände sein, den vermeintlichen Berechtigten thatkräftig entgegen zu treten, zumal den Letzteren ja die Geltendmachung ihrer Ansprüche im Verwaltungsstreitverfahren oder im ordentlichen Rechtswege offen steht. Schließlich sei hier darauf hingewiesen, daß nach der Rechtsprechung des Oberverwaltungsgerichts das sogenannte Gemeindemitglieder- (Bürger-) Vermögen durch Beschluß der Stadtverordnetenversammlung in Kämmereivermögen verwandelt werden kann; eine solche Umwandlung dürfte sich wohl allgemein empfehlen und würde in vielen Fällen eine nicht unerhebliche Vermehrung der Gemeindeeinkünfte zur Folge haben.

Was sodann das Baarvermögen anbelangt, so muß dasselbe einschließlich der etwaigen Ueberschüsse der laufenden Verwaltung nach Möglichkeit zinsbar angelegt werden. Die Jahreszinsen sind, wenn nicht besondere Verhältnisse eine Ausnahme rechtfertigen, zur Bestreitung der Gemeindeausgaben zu verwenden.

2. Werden die gewerblichen Unternehmungen der Gemeinde dem im § 3 K.-A.-G. aufgestellten Grundsatze entsprechend verwaltet?

Hier ist zu prüfen, ob diejenigen gewerblichen Unternehmungen, welche nicht zugleich einem öffentlichen Interesse dienen (z. B. Gasanstalten und Theater) so verwaltet werden, daß durch ihre

Einnahmen thunlichst Ueberschüsse, zum Mindesten aber die gesammten durch die Unternehmung der Gemeinde erwachsenden Ausgaben einschließlich der Verzinsung und Tilgung des Anlagekapitals aufgebracht werden. Trifft dies nicht zu, so muß seitens des Gemeindevorstandes erwogen werden, ob eine Vermehrung der Einnahmen durch eine Erhöhung der Preise, Taxen 2c. oder durch eine Verminderung der Ausgaben erzielt werden kann. Dabei ist von dem Grundsatze auszugehen, daß das Entgelt für die gebotene Leistung nicht zum Vortheil Einzelner hinter dem nach wirthschaftlichen Rücksichten für angemessen zu erachtendem Preise zurückbleiben darf. Ferner ist festzustellen, ob nicht unnöthig hohe Betriebs- und Reservefonds angesammelt werden, bezw. ob diejenigen Erträge, welche für die Zwecke des Betriebs- und Reservefonds, sowie für die Verzinsung und Tilgung des Anlagekapitals nicht erforderlich sind, zur Bestreitung der allgemeinen Ausgaben der Gemeinde verwendet werden. Stellt sich heraus, daß eine derartige Verwendung nicht stattfindet, so muß dieselbe für die Zukunft angeordnet werden. Bei denjenigen gewerblichen Unternehmungen aber, welche ganz oder zum Theil zugleich einem öffentlichen Interesse dienen, welches anderenfalls nicht befriedigt wird, wie dies z. B. bei Wasserwerken, Volksbädern und Markthallen meist der Fall ist, wird, soweit dies ohne Schädigung des öffentlichen Interesses thunlich erscheint, ebenfalls auf die Erzielung von Betriebsüberschüssen oder doch auf die Aufbringung der gesammten Kosten im obigen Umfange Bedacht zu nehmen sein. Dient eine Gemeindeeinrichtung theils gewerblichen, theils öffentlichen Interessen (z. B. ein Krankenhaus, in welchem sich gleichzeitig eine Anzahl Zimmer für wohlhabende Kranke befinden), so wird sie in ersterer Beziehung nach den Grundsätzen des § 3 verwaltet werden müssen.

3. Welche Einnahmen fließen der Gemeinde aus Mitteln zu, welche ihr vom Staate oder von weiteren Kommunalverbänden zur Deckung ihrer Ausgaben überwiesen worden sind?

Bei Beantwortung dieser Frage ist zu berücksichtigen, daß die nach dem Gesetze vom 14. Mai 1885 — der sogenannten lex

Huene — den Kommunalverbänden für das Rechnungsjahr 1894/95 zustehenden Antheile an dem Ertrage landwirthschaftlicher Zölle im Rechnungsjahr 1895 zur Auszahlung gelangen, im Uebrigen jedoch dieses Gesetz mit dem 1. April 1895 außer Kraft treten wird (§§ 28, 30 des Gesetzes wegen Aufhebung direkter Staatssteuern).

4. Kann die Gemeinde von den ihr durch das Baufluchtliniengesetz vom 2. Juli 1875, durch das Gesetz, betreffend die Erhebung von Marktstandsgeld, vom 26. April 1872 und durch die Gesetze vom 18. März 1868 und 9. März 1881 über die Errichtung öffentlicher Schlachthäuser beigelegten, durch das K.-A.-G. theilweise erweiterten, Befugnissen zur Erhöhung ihrer Einnahmen Gebrauch machen und nutzt sie diese Befugniß in vollem Umfange aus?

Vgl. K.-A.-G. §§ 10, 11.

Hat eine Gemeinde ein Ortsstatut auf Grund des § 15 des zuerst genannten Gesetzes noch nicht erlassen, so wird, wo die örtlichen Voraussetzungen vorliegen, der Gemeindevorstand auf den Erlaß eines solchen hinzuwirken und dabei zu prüfen haben, ob die Festsetzung eines anderen als des im § 15 a. a. O. vorgesehenen Maaßstabes angezeigt erscheint. Ebenso wird zu erwägen sein, ob gemäß § 11 des K.-A.-G. höhere Gebühren für die Schlachthausbenutzung eingeführt werden sollen. Die Ausf.-A. hebt in Artikel 6 besonders hervor, daß diese Bestimmung des Gesetzes geeignet sei, nicht nur den vielfachen Differenzen der Gemeinden mit dem Schlächtergewerbe wegen Bemessung der Gebühren für die Schlachthausbenutzung nach dem bisherigen Rechte ein Ende zu machen, sondern auch den Gemeinden die Erzielung von Ueberschüssen zu ermöglichen, welche ausreichend seien, das mit der Einrichtung öffentlicher Schlachthäuser verbundene Risiko zu decken, ohne das Schlächtergewerbe in unbilliger Weise zu belasten. Hervorzuheben ist hierbei noch, daß das K.-A.-G. unter dem Anlagekapital und der gezahlten Entschädigung die vollen zur Anlage bezw. zur Entschädigung verwendeten Mittel in ihrer ursprünglichen Höhe und ohne Rücksicht auf eine erfolgte Tilgung derselben versteht. Die Tarifsätze für die Schlachthausbenutzung brauchen deshalb nicht aus dem Grunde ermäßigt zu werden, weil das Anlagekapital und die etwa gezahlten Entschädigungssummen inzwischen ganz oder zum Theil getilgt sind (Ausf.-A. Artikel 5, Nr. 5). Eine Erhebung von Marktstandsgeld endlich wird auch in vielen kleineren Gemeinden, in welchen ein Wochenmarkt stattfindet, am Platze sein und zur Verringerung des durch Steuern aufzubringenden Bedarfs beitragen.

5. Bei welchen Verwaltungszweigen ist eine Erhebung von Verwaltungsgebühren zulässig und zweckmäßig? Vgl. K.-A.-G. § 6.

Bezüglich der Zulässigkeit der Sportelerhebung kann hier auf das Seite 10 Gesagte verwiesen werden.

Angezeigt wird dieselbe nach den Grundgedanken des K.-A.-G. hauptsächlich bei denjenigen Verwaltungszweigen sein, welche ausschließlich oder vorzugsweise den Interessen einzelner Gemeindeglieder dienen. Denn hier erscheint die Erhebung von Gebühren nach dem das Gesetz beherrschenden Grundsatze von Leistung und Gegenleistung durchaus gerechtfertigt. Als solche Gebiete hat das K.-A.-G. die baupolizeiliche Aufsichtsführung und die Ordnungs- und Feuerpolizei auf Messen und Märkten, sowie bei Lustbarkeiten aller Art allgemein anerkannt, da die Handhabung derselben den Gemeinden häufig durch Anstellung eigener Beamten und Einrichtung besonderer Büreaus recht bedeutende Kosten verursacht. Eine Gebührenerhebung wird sich also namentlich da empfehlen, wo diese letzteren Voraussetzungen zutreffen.

Wollen die Gemeinden Verwaltungsgebühren einführen, so haben sie insbesondere die Vorschrift im § 6 des Gesetzes zu beachten, wonach die Gebühren so bemessen werden müssen, daß deren Aufkommen die Kosten des bezüglichen Verwaltungszweiges nicht übersteigt. Bei dieser Bemessung bedarf es jedoch nicht einer kleinlichen Berechnung, um eine zahlenmäßig genaue Uebereinstimmung zwischen dem Kostenbetrage und dem entsprechenden Gebührenaufkommen zu erzielen (Ausf.-A. Artikel 6). Dieser Grundsatz gilt auch dann, wenn derselbe Verwaltungszweig gebührenpflichtige und gebührenfreie Geschäfte umfaßt und behufs Bemessung der Gebührensätze die Kosten der Verwaltung auf beide

Arten von Geschäften im Ganzen vertheilt werden müssen. Sollen also z. B. Sporteln für die Genehmigung und Beaufsichtigung von Neubauten erhoben werden, so würde dem Gesetze schon Genüge geschehen, wenn das zulässige Gesammtaufkommen an Gebühren etwa in folgender Weise ermittelt würde:

„Das städtische Bauamt, auf welchem die Baupolizeisachen bearbeitet werden, erfordert an persönlichen und sächlichen Ausgaben einen Kostenaufwand von rund 4900 Mark. Von der Thätigkeit der beim Baumamt beschäftigten Beamten ist nach überschläglicher Ermittlung mindestens $^1/_2$ auf die Genehmigung und Beaufsichtigung von Neubauten, Umbauten und anderen baulichen Herstellungen zu rechnen. Unter Berücksichtigung des Umstandes, daß auch der Bürgermeister und die Beamten des Polizeibüreaus dem fraglichen Verwaltungszweige ihre Arbeitskraft widmen, kann daher der nach dem Gesetze zulässige Gesammtbetrag der fraglichen Gebühren auf mindestens 2800 Mark festgestellt werden."

6. Weist die bestehende Finanzverfassung der Gemeinde Lücken auf gegenüber den Vorschriften des K.-A.-G., nach welchen unter bestimmten Voraussetzungen die Erhebung von Gebühren im engeren Sinne und von Beiträgen stattfinden muß oder kann? Vgl. K.-A.-G. §§ 4, 9.

Die Gemeindevorstände werden wohl in fast allen Gemeinden zur Bejahung dieser Frage gelangen, da eine Erhebung von Gebühren und Beiträgen in dem vom K.-A.-G. gewollten Umfange nur äußerst selten stattgefunden haben wird.

Damit der so wichtige Grundsatz von Leistung und Gegenleistung zur Geltung gelangt und das Abgabenwesen eine dem Gesetze entsprechende Ausgestaltung erhält, wird sich der Gemeindevorstand namentlich folgende Fragen vorlegen müssen:

a. Wird für den Besuch der von der Gemeinde unterhaltenen höheren Lehranstalten und höheren Fachschulen — auf Fortbildungs-, Näh-, Haushaltungs- und ähnliche Schulen niederer Art bezieht sich das Gesetz nicht — ein angemessenes

Schulgeld erhoben? Hierbei ist die Angemessenheit des Schulgeldes nicht etwa nach der Höhe des Schulgeldes an Schulen gleicher Art, sondern nach den Gesammtausgaben, welche die Schulen der Gemeinde verursachen und nach der Gesammtlage des Gemeindehaushalts zu beurtheilen (Ausf.-A. Artikel 5 No. 3).

b. Sind in der Gemeinde im öffentlichen Interesse unterhaltene Veranstaltungen vorhanden, welche einzelnen Gemeindeangehörigen oder einzelnen Klassen von solchen vorzugsweise zum Vortheil gereichen, ohne daß eine Verpflichtung dieser Personen zur Benutzung der Veranstaltung besteht oder ohne daß dieselben auf die Benutzung der Veranstaltung angewiesen sind? Wo diese Voraussetzung zutrifft, was z. B. in der Regel bei Krahnen, städtischen Waagen, Packhofs-Niederlagen, Magazinen, Eindeichungen, Straßenverbreiterungen rc. der Fall sein wird, da solche Anlagen vorzugsweise dem Handel und Gewerbe, bezw. dem Grundbesitze zu Gute kommen, da liegt nach dem Gesetze für die Gemeinden ein Zwang zur Erhebung von Gebühren vor und es muß eine solche Erhebung stattfinden, insoweit die Ausgleichung nicht durch Beiträge (§ 9) oder im Wege der Mehr- oder Minderbelastung (§ 20) erfolgt. Es ist daher in diesen Fällen des Weiteren zu prüfen, ob eine Gebührenerhebung überhaupt stattfindet und ob die Gebühren so bemessen sind, daß die Verwaltungs- und Unterhaltungskosten der Veranstaltung, einschließlich der Ausgaben für die Verzinsung und Tilgung des Kapitals, gedeckt werden. Gleichzeitig ist zu untersuchen

c. ob durch die fraglichen Veranstaltungen Grundeigenthümern und Gewerbetreibenden besondere wirthschaftliche Vortheile erwachsen und ob deshalb Beiträge zu den Kosten der Veranstaltungen von diesen erhoben werden müssen oder können (vgl. oben Seite 11). Als solche Veranstaltungen werden u. A. zu betrachten sein: Eindeichungen, Beseitigungen übelriechender oder den Verkehr hindernder Gräben, Brückenanlagen, die Verbreiterung sog. historischer Straßen, Straßendurchbrüche, der Ausbau von Zufuhrwegen zu Bahnhöfen u. s. w., weil dergleichen Anlagen — wenigstens in der Regel — eine beträchtliche Werthssteigerung der durch sie betroffenen Grundfläche zur Folge haben. Auch werden Kanalisationen zu diesen Veranstaltungen zu rechnen sein; denn wenn dieselben auch in hervorragendem Maße dem öffentlichen Interesse dienen und deshalb ein beträchtlicher Theil der Anlage- und Unterhaltungskosten aus Steuern zu decken sein wird, so erhöhen sie doch andererseits dauernd den Werth der Grundstücke und ersparen den Eigenthümern sehr erhebliche Ausgaben für Fortschaffung der Schmutzwässer, Abfuhr der Fäkalien u. s. w.

Hervorzuheben ist hier, daß ein Zwang zur Erhebung von Beiträgen, insoweit er nach § 9 K.-A.-G. überhaupt stattfindet, nur bezüglich neuherzustellender Veranstaltungen besteht, die Verpflichtung der Gemeinden zur Fassung von Beschlüssen wegen Beitragserhebung für das Jahr 1895/96 sich mithin auf die in diesem Jahre herzustellenden Veranstaltungen beschränkt (Uebergangsbestimmungen II No. 4 Abs. 3). Beschließt eine Gemeinde die Erhebung von Beiträgen, so wird sie in ihrem Beschlusse auch darüber Bestimmung zu treffen haben, in welcher Form die Beiträge geleistet werden sollen: ob mittelst Kapitalzahlung oder mittelst Renten; ob die Kapitalzahlung in einer Summe oder in Theilzahlungen erfolgen soll u. s. w.

d. Ob bei denjenigen Veranstaltungen, bei welchen eine Verpflichtung zur Benutzung für alle Gemeindeangehörigen oder für einzelne Klassen derselben besteht oder bei welchen die Genannten auf die Benutzung der Veranstaltung angewiesen sind, eine Ermäßigung der Gebührensätze stattfinden oder die Erhebung von Gebühren ganz unterbleiben soll, bezw. um welchen Betrag die Gebühren unter Berücksichtigung des öffentlichen Interesses, welchem die Veranstaltung dient, und der dem Einzelnen gewährten besonderen Vortheile zu ermäßigen sind.

Beispiele von Veranstaltungen der letzteren Art sind u. A. Hafen-, Werft- und ähnliche Anlage, deren Benutzung sich die Gewerbetreibenden in einer Gemeinde, ohne auf den Betrieb ihres Gewerbes zu verzichten, füglich nicht entziehen können. Hier sei besonders darauf aufmerksam gemacht, daß das Gesetz die Ermäßigung der Gebühren in diesen Fällen nur gestattet; ob und in welchem Umfange von dieser Erlaubniß Gebrauch zu machen ist, wird sich einerseits nach der allgemeinen Finanzlage der Gemeinde, andererseits nach dem Maaße des öffentlichen Interesses, dem die Veranstaltung dient, und nach den dem Einzelnen durch die Veranstaltung zugewandten Vortheilen richten müssen (Ausf-A. Artikel 5).

e. Ob für die Benutzung der von der Gemeinde unterhaltenen Unterrichts- und Bildungsanstalten (abgesehen von den höheren Lehranstalten und Fachschulen), Krankenhäuser, Heil- und Pflegeanstalten, sowie der vorzugsweise den Bedürfnissen der unbemittelten Volksklassen dienenden Veranstaltungen ebenfalls Gebühren erhoben werden sollen.

Die Entscheidung hierüber überläßt das K.-A.-G. dem freien Ermessen der Gemeinden, da es wegen des überwiegend gemeinnützigen Charakters dieser Anstalten einen Zwang zur Gebührenerhebung hat ausschließen wollen.

Bei der Beantwortung aller dieser Fragen, welche auf das Gründlichste erwogen werden müssen, werden sich der Gemeindevorstand und die Gemeindevertretung stets zu vergegenwärtigen haben, daß in allen Fällen, in welchen die Gemeinden zur Erhebung von Gebühren und Beiträgen verpflichtet sind (§§ 4 Abs. 2 und 9 Abs. 2), die Erfüllung dieser Verpflichtung durch die Aufsichtsbehörden auf dem Wege des § 78 Abs. 1 K.-A.-G. zwangsweise durchgesetzt werden kann. Ferner hat der Gemeindevorstand für die rechtzeitige und vollständige Beschaffung aller derjenigen Ermittlungen und Berechnungen Sorge zu tragen, welche zur Beurtheilung der Frage, ob die Bemessung der Gebühren und Beiträge den gesetzlichen Bestimmungen entspricht, erforderlich sind. Denn diese Unterlagen der Beschlüsse müssen, soweit eine Genehmigung vorgeschrieben ist, den Aufsichtsbehörden jederzeit vorgelegt werden können.

7. Weist die bestehende Finanzverfassung der Gemeinde Lücken auf, gegenüber den Vorschriften des K.-A.-G. über die Ausbildung des Systems der indirekten Steuern.

Auch diese Frage wird wohl durchweg bejaht werden müssen, da infolge der bisherigen Lage der Gesetzgebung — abgesehen von der Hunde- und Lustbarkeitssteuer — zur Zeit nur in wenigen Gemeinden indirekte Steuern bestehen. Die Erwägung, ob neue indirekte Steuern, auf deren Ausbildung die Begründung des Gesetzes großes Gewicht legt, einzuführen sind und gegebenen Falls welche, hängt — wie wohl keiner weiteren Erörterung bedarf — vorzugsweise von den örtlichen Verhältnissen ab. Die Gewinnung erheblicher Erträge wird namentlich durch die Biersteuer zu erreichen sein, für welche die Ausf.-A. eine Muster-Ordnung mittheilt. Außerdem werden hauptsächlich Luxussteuern und indirekte Verkehrssteuern (Equipagen-, Luxuspferde-, Fahrräder-, Klavier-, Dienstbotensteuern, Umsatzsteuer von Immobilien und Abgabe von Mibiliarversicherungen) in Betracht kommen.

Wo eine Hunde- und Lustbarkeitssteuer noch nicht besteht, da dürfte sich deren Einführung ziemlich allgemein empfehlen; wo diese Steuern schon bestehen, da wird eine Erweiterung derselben nach Maßgabe des K.-A.-G. und eine Erhöhung der Steuersätze in Erwägung zu nehmen sein. Die beiden genannten Steuern dienen übrigens auch polizeilichen Zwecken, da durch hohe Gebührensätze der Ueberhandnahme der Lustbarkeiten und dem Halten von Hunden in übermäßiger Anzahl vorgebeugt werden kann. Hervorgehoben sei, daß der § 15 K.-A.-G. zwar die Besteuerung aller Lustbarkeiten gestattet, der Gesetzgeber damit jedoch nicht die Besteuerung jeder Lustbarkeit von unzweifelhaft reinhäuslichen Charakter oder die Besteuerung derjenigen Lustbarkeiten, bei denen ein höheres wissenschaftliches oder Kunstinteresse obwaltet, ohne Ausnahme hat empfehlen wollen (Ausf.-A. Art. 11).

8. Sollen besondere direkte Gemeindesteuern eingeführt werden oder soll die Besteuerung in Prozenten der vom Staate veranlagten direkten Steuern erfolgen? Vgl. K.-A.-G. §§ 25, 29, 37.

In den meisten Gemeinden wird man es zunächst wohl bei der Erhebung von Zuschlägen zu den staatlichen Steuern belassen wollen, da die Frage der Einführung besonderer Gemeindesteuern einer sehr eingehenden und sorgfältigen Prüfung bedarf und das K.-A.-G. besondere Gemeindeeinkommensteuern nur aus besonderen

Gründen gestattet. Durch die Ermächtigung zur Einführung besonderer Realsteuern hat den Gemeinden die Möglichkeit eröffnet werden sollen, die Steuerformen der Eigenart ihrer Verhältnisse und Bedürfnisse anzupassen und namentlich diejenigen Mängel zu beseitigen, welche der Anwendung der staatlich veranlagten Realsteuern für die Zwecke der Kommunalbesteuerung entgegenstehen (Ausf.=A. Artikel 14, 17, 20).

9. Soll eine Mehr= oder Minderbelastung eines Theils des Gemeindebezirks oder eine Klasse von Gemeindeangehörigen beschlossen werden? Vgl. K.=A.=G. § 20.

Bei Prüfung dieser Frage hat der Gemeindevorstand namentlich zu beachten, daß es sich bei der Mehr= oder Minderbelastung um eine Ausnahme von der Regel der allgemeinen und gleichmäßigen Heranziehung der Steuerpflichtigen handelt, welche nur unter der Voraussetzung zugelassen ist, daß die Veranstaltung einem Theile des Gemeindebezirks oder einer Klasse von Gemeindeangehörigen in besonders hervorragendem oder geringem Maaße zu Statten kommt (Ausf.=A. Artikel 13).

10. Wie soll es mit der Heranziehung der Betriebssteuer gehalten werden? Vgl. K.=A.=G. §§ 28, 58.

Die Betriebssteuer wird nach den §§ 12, 13 des Gesetzes wegen Aufhebung direkter Staatssteuern seitens der Gemeinden in den veranlagten Beträgen von den Pflichtigen ihres Bezirks erhoben und muß von den Gemeinden (Gutsbezirken) der Landkreise am Schluße eines jeden Vierteljahres an die Kreiskommunalkasse abgeführt werden. Die Gemeinden können jedoch darüber hinaus noch für sich besondere Zuschläge erheben oder auf Grund des § 29 des K.=A.=G. besondere Steuer an Stelle der vom Staate veranlagten Betriebssteuern einführen. Im letzteren Falle müssen sie aber denjenigen Betrag, welcher sich bei Anwendung der Bestimmungen der §§ 60 bis 69 des Gewerbesteuergesetzes vom 24. Juni 1891 und des § 12 des Gesetzes wegen Aufhebung direkter Staatssteuern ergeben würde, an die Kreiskommunalkasse abführen. Eine angemessene Ausbildung der Betriebssteuer wird sich vielfach auch aus polizeilichen Rücksichten empfehlen; insbesondere in denjenigen Orten, in welchen eine Herabminderung der Zahl der Gast- und Schankwirthschaften sowie der Kleinhandlungen mit Branntwein oder Spiritus wünschenswerth ist (Ausf.-A. Artikel 22).

11. Sollen die Steuerpflichtigen mit einem Einkommen von nicht mehr als 900 Mark von der Beitragspflicht entbunden oder mit einem geringeren Prozentsatze herangezogen werden?

Vgl. K.-A.-G. § 38.

Hier wird zu erwägen sein, ob und in welchem Umfange die Finanzlage der Gemeinde die Fassung eines solchen Beschlusses gestattet.

12. Kann eine Betriebsgemeinde zur Leistung von Zuschüssen herangezogen werden? Vgl. K.-A.-G. § 53.

Der Gemeindevorstand hat zu prüfen, ob die gesetzlichen Voraussetzungen zur Forderung derartiger Zuschüsse vorliegen. Im Uebrigen wird es bei der Erörterung der maßgebenden Gesichtspunkte mehr auf billige Abwägungen, als auf genaue zahlenmäßige Feststellungen ankommen und vor Allem eine gütliche Einigung der Betheiligten anzustreben sein (Ausf.-A. Artikel 38 Nr. 5).

13. Wie hoch stellt sich der durch direkte Gemeindesteuern (Realsteuern, Einkommensteuer) aufzubringende Bedarf?

Behufs Feststellung dieses Bedarfs sind von dem aus dem Haushaltungsplane der Gemeinde sich ergebenden Gesammtbetrage des Finanzbedarfs (der veranschlagten Ausgaben) zunächst alle anderweitigen Einnahmen in Abzug zu bringen, welche nach § 2 des K.-A.-G. vor den direkten Steuern zur Bestreitung der Gemeindeausgaben verwendet werden müssen. Zu diesen in Abzug zu bringenden Ausgaben gehören also insbesondere:

1) die Einnahmen aus dem Gemeindevermögen,
2) die Einnahmen aus Gebühren und Beiträgen aller Art,
3) die Einnahmen aus vom Staate oder weiteren Kommunalverbänden überwiesenen Mitteln,
4) die Einnahmen aus indirekten Steuern,
5) die Einnahmen aus der Wanderlagersteuer,
6) die Zuschüsse der Betriebsgemeinden.

Von dem verbleibendem Betrage sind sodann gemäß § 58 noch in Abzug zu bringen das Sollaufkommen der etwa bestehenden Bauplatzsteuer sowie das der Gemeinde etwa verbleibende Sollaufkommen an Betriebssteuern. Der hiernach sich ergebende Rest des Finanzbedarfs bildet den Steuerbedarf im engeren Sinne, welcher auf die verschiedenen direkten Steuerarten zu vertheilen ist.

14. Wie ist der Steuerbedarf in einer dem K.-A.-G. entsprechenden Weise auf die verschiedenen direkten Steuerarten zu vertheilen?

Vgl. K.-A.-G. §§ 54—56.

Die Beantwortung dieser Frage wird — wenigstens zunächst — eine der hauptsächlichsten Aufgaben bilden, welche das Gesetz den Gemeinden stellt. Namentlich wird dies in der Mehrzahl aller Landgemeinden der Fall sein, wo die Gemeindebesteuerung nach wie vor in Form von Zuschlägen zu der vom Staate veranlagten Grund-, Gebäude- und Gewerbesteuer und zur Staatseinkommensteuer erfolgen wird. Der Gemeindevorstand wird daher der Prüfung dieser Frage eine ganz besondere Sorgfalt zuwenden müssen. Zu diesem Zwecke wird er gut thun, sich zunächst die gesetzlichen Bestimmungen ins Gedächtniß zurückzurufen und im Uebrigen von folgenden in Artikel 39 der Ausf.-A. hervorgehobenen Gesichtspunkten auszugehen:

a) Der Steuerbedarf ist zunächst auf die Gesammtheit der Realsteuern und auf die Einkommensteuer zu vertheilen; der auf die Gesammtheit der Realsteuern entfallende Betrag ist weiter, wenn eine Nothwendigkeit für eine solche Untervertheilung vorliegt (§ 56, Abs. 2) auf die einzelnen Arten der Realsteuern unterzuvertheilen.

Hierbei ist das nach der staatlichen Veranlagung auf die Gemeinde entfallende Sollaufkommen desjenigen Jahres zu Grunde zu legen, für welches die Vertheilung zu bewirken ist.

b) Das Aufkommen besonderer Steuern ist je nach ihrer Einrichtung und Beschaffenheit auf denjenigen Theil des Steuerbedarfs zu verrechnen, welcher durch Prozente der entsprechenden vom Staate veranlagten Steuer aufzubringen ist.

c) Die Bewegung innerhalb der Grenzen, welche das K.-A.-G. für die Bestimmung des Verhältnisses zieht, nach welchem der Steuerbedarf durch Realsteuern und durch die Einkommensteuer gedeckt werden soll, darf keine willkürliche sein, vielmehr muß bei der Feststellung dieses Verhältnisses geprüft werden, welche Ausgaben der Gemeinde vorzugsweise durch Realsteuern und welche vorzugsweise durch die Einkommensteuer aufzubringen sind. Hierbei sind im Allgemeinen folgende leitende Gesichtspunkte festzuhalten:

a) Diejenigen Aufwendungen, welche nach ihrem Wesen und ihrer Bestimmung allen Gemeindeangehörigen zu Gute kommen oder durch sie veranlaßt werden, sind vorzugsweise durch die Einkommensteuer zu decken; hierhin gehören insbesondere die Kosten der den Gemeinden obliegenden Erfüllung allgemeiner staatlicher Zwecke, wie die Aufwendungen für das Volksschul- und Armenwesen, für die öffentliche Sicherheit, die Gesundheitspflege u. s. w., ferner die allgemeinen Verwaltungskosten der Gemeinden u. s. w.

b) Aufwendungen, die ausschließlich oder doch ganz überwiegend dem Grundbesitz und Gewerbebetriebe zum Vortheil gereichen, wie die Anlegung und Unterhaltung von Wegen, Ent- und Bewässerungsanlagen, welche nur oder vorzugsweise dem Grundbesitz oder Gewerbebetrieb dienen, sind lediglich durch Realsteuern aufzubringen.

c) Die im allgemeinen Interesse gemachten Aufwendungen, aus denen zugleich den Grundbesitzern und Gewerbetreibenden besondere Vortheile erwachsen, sind auf die Realsteuern und die Einkommensteuer nach billigem Ermessen zu vertheilen; es gilt dies namentlich von den Kosten für die Unterhaltung der öffentlichen Straßen, der Kanalisations- und Wasserleitungsanlagen, des Beleuchtungs- und Feuerlöschwesens.

d) Die vorstehenden allgemeinen Gesichtspunkte bilden nicht die ausschließliche Richtschnur für die Vertheilung des Steuerbedarfs. Beispielsweise würde einer starken Verschuldung des Grundbesitzes oder einer besonders ungünstigen Lage des Gewerbebetriebes durch entsprechende niedrigere Bemessung des Prozentsatzes der Realsteuerbelastung Rechnung getragen werden können; andererseits würde es dort, wo die ausschließliche Aufbringung des gesammten Steuerbedarfs durch Realsteuern herkömmlich ist und die Verhältnisse der Steuerpflichtigen gleichartige sind, bei diesem Herkommen belassen werden dürfen.

d) Da Abweichungen von der regelmäßigen Vertheilung gemäß der Vorschriften der §§ 54, 56 nur aus besonderen Gründen gestattet sind und der Genehmigung bedürfen, so wird es sich im Allgemeinen empfehlen, daß die Gemeinden derartige Abweichungen nicht treffen.

e) Bei der Untervertheilung auf die verschiedenen Realsteuern ist der aus steuerlicher Vor- oder Mehrbelastung (§ 20) sich ergebende Betrag stets auf den Bedarf derjenigen Steuerart anzurechnen, auf welche sich die Vor- oder Mehrbelastung bezieht. —

Bei den hiernach vorzunehmenden Erwägungen müssen die Gemeindevorstände und Gemeindevertretungen ebenfalls im Auge behalten, daß eine den zwingenden Regeln der §§ 54 ff. widersprechende Beschlußfassung nach § 78, Absatz 1 des Gesetzes den Aufsichtsbehörden die Befugniß zum Einschreiten verleihen würde.

Schließlich lassen wir hier zur Veranschaulichung der Frage 14 ein Beispiel einer Ermittlung und Vertheilung des Steuerbedarfs einer Landgemeinde auf die verschiedenen Steuerarten folgen:

Beispiel.

Der Haushaltsplan der Gemeinde N. für das Rechnungsjahr vom 1. April 1895/96 weist nach an

I. Aufwendungen, welche nach ihrem Wesen und ihrer Bestimmung allen Gemeindeangehörigen

zu Gute kommen oder durch sie veranlaßt werden und deshalb vorzugsweise durch die Einkommensteuer zu decken sind:	M.	M.
1. Persönliche Ausgaben für die Gemeinde-Verwaltung	1300	
2. Sächliche Ausgaben für die Gemeinde-Verwaltung . . . . . . , ...	300	
3. Ausgaben für das Armenwesen	750	
4. Ausgaben für das Volksschulwesen . , . .	3450	5800
Diese Kosten werden theilweise gedeckt durch staatliche Beiträge zur Lehrerbesoldung, Gewinnantheile aus der Kreissparkasse nnd Zinsen eines Sparkassenbuches im Gesammtbetrage von		2614
Bleiben durch Gemeindesteuer aufzubringen .		3186
II. Aufwendungen, welche ausschließlich oder in weit überwiegendem Maße dem Grundbesitz und Gewerbebetrieb zum Vortheil gereichen und daher lediglich durch Realsteuern aufzubringen sind:		
1. Ausgaben für den Neubau und die Unterhaltung von Wegen und Ent- und Bewässerungsanlagen in der äußeren Feldmark	1550	
2. Besoldung des Feldhüters	350	1900
Diese Kosten werden theilweise gedeckt durch die Einnahmen aus verpachteten Grundstücken im Betrage von		610
Bleiben durch Gemeindesteuer aufzubringen .		1290
III. Aufwendungen im allgemeinen Interesse, aus denen zugleich den Grundbesitzern und Gewerbetreibenden besondere Vortheile erwachsen, und welche deshalb auf die Realsteuern und auf die Einkommensteuern nach billigem Ermessen zu vertheilen sind:		
Kosten der Unterhaltung der Straßen und Kanäle im Dorfe, der Straßenbeleuchtung, der Feuerspritze 2c., und der Reparaturen am Gemeindehause im Betrage von . . .	1085	1085

C. Durch Gemeindesteuern aufzubringen	1085
Dazu Summe A " " "	3186
" " B " " "	1290
Gesammtsumme der durch Gemeindesteuern aufzubringenden Gemeindeausgaben	5561

(Vertheilung des auf 5561 Mk. berechneten Gemeindesteuerbedarfs auf die einzelnen Steuerarten s. Tabelle auf folgender Seite.)

15. Wie soll die Veranlagung und Erhebung der Steuern erfolgen? Vgl. K.-A.-G. §§ 61—64.

Hier wird der Gemeindevorstand sich namentlich darüber schlüssig zu machen haben,

a) ob ein besonderer Steuerausschuß gebildet und wie derselbe zusammengesetzt werden soll. Die §§ 50 Abs. 3 bis einschließlich 54 des Einkommensteuergesetzes, welche auf die Zusammensetzung und Geschäftsordnung sinngemäß angewendet werden sollen, haben folgenden Wortlaut:

„§ 50 Abs. 3. Als Mitglieder der Kommission sind, abgesehen von den durch die bezüglichen Bestimmungen vorgeschriebenen besonderen Voraussetzungen, nur solche Personen wählbar, welche das 25. Lebensjahr vollendet haben und sich im Besitze der bürgerlichen Ehrenrechte befinden.

§ 51. Die Vorsitzenden der Kommissionen haben die letzteren zusammenzuberufen, deren Geschäfte vorzubereiten und zu leiten, sowie die nicht von ihnen durch Einlegung von Rechtsmitteln angefochtenen Kommissionsbeschlüsse auszuführen.

Nach Bedürfniß können zur Erledigung der den Kommissionen obliegenden Geschäfte Unterkommissionen gebildet werden.

Die Kommissionen bezw. Unterkommissionen fassen ihre Beschlüsse nach Stimmmenehrheit. Dem Vorsitzenden steht volles Stimmrecht zu. Bei Stimmengleichheit entscheidet die Stimme des Vorsitzenden.

Vertheilung des auf 5561 Mark berechneten Gemeindesteuerbedarfs auf die einzelnen Steuerarten.

	Es beläuft sich der Betrag der vom Staate veranlagten					Die Belastung der einzelnen Steuerarten ergiebt einen Betrag von
	Grundsteuer	Gebäudesteuer	Gewerbesteuer	Betriebssteuer	Einkommensteuer einschl. d. fingirt veranlagten Steuern	
	1420 Mk.	590 Mk.	460 Mk.	110 Mk.	1820 Mk.	Mk.
Die nebenbezeichneten Steuern sollen zur Deckung des vorstehenden berechneten Gemeindesteuerbedarfs in Prozenten belastet werden.						
Zu den Ausgaben unter A = 3186 Mark . . .	60%	—	—	—	—	852
		60%	—	—	—	354
			60%	—	—	276
				60%	—	66
					90%	1638
Zu den Ausgaben unter B = 1290 Mark . . .	50%	—	—	—	—	710
		50%	—	—	—	295
			50%	—	—	230
				50%	—	55
Zu den Ausgaben unter C = 1085 Mark . . .	35%	—	—	—	—	497
		35%	—	—	—	206,50
			35%	—	—	161
				35%	—	38,50
					10%	182
Danach beträgt die Gesammtbelastung der einzelnen Steuerarten	145%	145%	145%	145%	100%	5561,00

So lange über die Einschätzung oder Berufung eines Kommissionsmitgliedes oder seiner Verwandten oder Verschwägerten in auf- und absteigender Linie oder bis zum dritten Grade der Seitenlinien berathen und abgestimmt wird, hat dasselbe abzutreten.

Ergeben sich diese Voraussetzungen hinsichtlich der Person des Vorsitzenden, so hat derselbe die Führung des Vorsitzes einem der Kommissionsmitglieder zu übertragen. Die Ausfertigung der Kommissionsbeschlüsse und Entscheidungen sind von dem Vorsitzenden zu vollziehen.

§ 52. Die Mitglieder der Kommissionen haben dem Vorsitzenden mittelst Handschlages an Eidesstatt zu geloben, daß sie bei den Kommissionsverhandlungen ohne Ansehen der Person nach bestem Wissen und Gewissen verfahren und die Verhandlungen sowie die hierbei zu ihrer Kenntniß gelangenden Verhältnisse der Steuerpflichtigen strengstens geheim halten werden.

Das gleiche Gelöbniß haben vor einem von der Regierung (hier von der Gemeinde) zu ernennenden Kommissar diejenigen Vorsitzenden abzulegen, welche nicht schon als Beamte vereidigt sind.

Die bei der Steuerveranlagung betheiligten Beamten sind zur Geheimhaltung der Kommissionsverhandlungen, sowie der zu ihrer Kenntniß gelangenden Verhältnisse der Steuerpflichtigen kraft des von ihnen geleisteten Amtseides verpflichtet. Die Steuererklärungen sind unter Verschluß aufzubewahren und dürfen, ebenso wie die Kommissionsverhandlungen über dieselben nur zur Kenntniß durch ihren Amtseid zur Geheimhaltung verpflichteter Beamten gelangen.

§ 53. Die von den Vorsitzenden der Kommissionen zu bewirkenden Zustellungen an Steuerpflichtige sind durch einen öffentlichen Beamten unter Bescheinigung der Behändigung auszuführen. Die Post kann um die Bewirkung der Zustellung ersucht werden. In beiden Fällen gilt die Zustellung für vollzogen, auch wenn die Annahme verweigert wird.

Sind Wohnsitz und Aufenthalt eines Steuerpflichtigen unbekannt, so kann die Zustellung an denselben durch Anheftung des zuzustellenden Schriftstückes an der zu Aushängen der Gemeinde des Veranlagungsortes bestimmten Stelle erfolgen. Die Zustellung gilt für vollzogen, wenn seit der Anheftung zwei Wochen verstrichen sind. Auf die Giltigkeit der Zustellung hat es keinen Einfluß, wenn das Schriftstück von dem Orte der Anheftung zu früh entfernt wird.

Die außerhalb Preußens zu bewirkenden Zustellungen können mittelst eingeschriebener Briefe erfolgen. Die Zustellung gilt mit der Aufgabe zur Post für vollzogen.

§ 54. Unterläßt der berechtigte Kommunalverband, ungeachtet gehöriger Aufforderung, die Wahl der Kommissionsmitglieder oder verweigert eine Kommission die Erledigung der ihr übertragenen Geschäfte, so sind diese für die betreffende Veranlagungsperiode auf Verfügung der Aufsichtsbehörde von dem Vorsitzenden wahrzunehmen. Vor Beginn des nächsten Veranlagungsgeschäfts hat eine Neuwahl der wählbaren Kommissionsmitglieder zu erfolgen."

Nach dem vorstehenden § 54 wird also, wenn in einer Gemeinde ein Steuerausschuß nicht besteht, der Gemeindevorstand einzutreten haben.

b) Ob die Rechte des Gemeindevorstandes bezw. des Steuerausschusses nach den Vorschriften des § 63 geregelt werden sollen.

c) In welcher Weise die Bekanntmachung der Steuern erfolgen soll.

d) Welche Hebeperioden festgestellt werden sollen. Da die Staatseinkommensteuer in vierteljährlichen Beträgen abgeführt wird, so wird es sich in den meisten Gemeinden im Interesse der Steuerpflichtigen empfehlen, auch für die Erhebung der Gemeindeabgaben eine dreimonatliche Hebeperiode einzuführen (Ausf.-A. Artikel 43, Nr. 2).

16. Soll an Stelle des Rechnungsjahres eine Periode von 2 oder 3 Rechnungsjahren treten? Vgl. K.-A.-G. § 95.

Ein dementsprechender Beschluß erscheint namentlich in kleineren Landgemeinden zweckmäßig, deren einfache Verhältnisse häufig eine Rechnungsperiode von längerer Dauer wünschenswerth machen.

17. Bedarf es einer Neuregelung der Naturaldienste? Vgl. K.-A.-G § 68.

Hier wird es sich namentlich um eine Prüfung der Frage handeln, ob das in der Gemeinde übliche Herkommen über die Verpflichtung zur Leistung dieser Dienste mit den Vorschriften des K.-A.-G. in Einklang steht. Ist dies nicht der Fall, so wird ein Gemeindebeschluß erforderlich, durch welchen die fragliche Verpflichtung neu geordnet wird. Ob dieser Beschluß der Genehmigung der Aufsichtsbehörden bedarf, ist nach den Bestimmungen der einzelnen Gemeindeverfassungsgesetze zu beurtheilen.

18. Laufen die in der Gemeinde bestehenden Ordnungen (Regulative, Statuten, Beschlüsse, Observanzen 2c.) über die Aufbringung von Gebühren, Beiträgen und Steuern den Bestimmungen des K.-A.-G. zuwider? Vgl. K.-A.-G. §§ 78, 96, Abs. 2 u. 3.

Diese Frage bedarf einer sorgfältigen Untersuchung an der Hand der gesetzlichen Bestimmungen. Insoweit sie bejaht werden muß, werden die in Betracht kommenden Regulative mit thunlichster Beschleunigung umzuarbeiten sein, da einerseits die Gemeinden verpflichtet sind, schon vor Inkrafttreten des K.-A.-G. in eine Prüfung der Ordnungen einzutreten und dieselben baldigst mit den Vorschriften des Gesetzes in Einklang zu bringen und andererseits die Aufsichtsbehörden befugt sind, die Abänderung oder Ergänzung der mit dem Gesetze in Widerspruch stehenden Regulative anzuordnen. Vgl. die Uebergangsbestimmungen unter II 2 und 3, wo auch hervorgehoben wird, daß die Herstellung der Uebereinstimmung mit dem Gesetze namentlich die in zahlreichen Gemeinden bestehenden besonderen Einkommensteuern betrifft.

Da übrigens der § 23, Abs. 5 K.-A.-G. den Erlaß einer Steuerordnung nur bei der Einführung neuer und der Veränderung bestehender Steuern, welche nicht in Prozenten der vom Staate veranlagten Steuern erhoben werden, vorschreibt, so wird es künftig des Erlasses besonderer Steuerordnungen für den Fall, daß die Erhebung in Prozenten der vom Staate veranlagten Steuern erfolgt, nicht bedürfen. Dies muß auch von einer derartigen Gemeindeeinkommensteuer gelten. Die in den meisten Gemeinden auf Grund des Ministerialerlasses vom 5. November 1885 beschlossenen Gemeindeeinkommensteuer-Regulative brauchen daher unseres Erachtens nicht durch ein neues Regulativ ersetzt zu werden; es wird vielmehr genügen, wenn diese Regulative durch einen Beschluß der Gemeinde außer Kraft gesetzt werden (vgl. auch unten S. 58).

Hat sich nun der Gemeindevorstand über die sämmtlichen vorstehenden Punkte schlüssig gemacht und sich dabei des Einverständnisses der Gemeindevertretung versichert, so liegt ihm des Weiteren ob, die Beantwortung der obigen Fragen — die Ergebnisse seiner Prüfung — in den nach Vorschrift der Uebergangsbestimmungen aufzustellenden Plan zur Ausführung des K.-A.-G. zusammenzufassen und Letzteren demnächst der Aufsichtsbehörde einzureichen. In diesem Plane sollen die Gegenstände der in Aussicht zu nehmenden Abänderungen, Ergänzungen und anderweitigen Einrichtungen nach den Rubriken: a) gewerbliche Unternehmungen, b) Gebühren, c) Beiträge, d) indirekte Steuern, e) direkte Steuern, f) Naturaldienste, g) formale Einrichtungen (Veranlagung, Erhebung, Haushaltsplan u. s. w.) aufgeführt und die Zeitpunkte angegeben werden, bis zu denen voraussichtlich die entsprechenden Gemeindebeschlüsse zu Stande gekommen und die sonst erforderlichen Maßnahmen zur Durchführung getroffen sein werden. Im Uebrigen hat der Gemeindevorstand bei der Aufstellung, Einrichtung und Einreichung des Planes diejenigen Bestimmungen zu beobachten, welche von den Aufsichtsbehörden hierfür erlassen worden sind (Uebergangsbestimmungen I, 2). Ein nach obigen Gesichtspunkten ausgearbeitetes und ausgefülltes Muster zu einem Ausführungsplan ist im Anhange dieses Buches S. 68 enthalten; dasselbe führt unsern Lesern gleichzeitig die in diesem Abschnitte erörterten Fragen noch einmal in gedrängter Zusammenstellung vor Augen.

Gemeinden mit einfachen Verhältnissen, in denen wesentliche Umgestaltungen des Finanzwesens überhaupt nicht erforderlich sind, können von der Aufstellung eines Planes entbunden werden (Uebergangsbestimmungen a. a. O.). Mit der Ausarbeitung des Plans wird zweckmäßiger Weise die Aufstellung des Gemeindehaushaltes für das nächste Rechnungsjahr verbunden, da diese im Wesentlichen ja nur die Anwendung der allgemeinen Grundsätze des Plans auf die besonderen Verhältnisse des einzelnen Jahres darstellt. Wegen der bei Aufstellung des Gemeindehaushaltsplanes für 1895/96 besonders in Betracht kommenden Aenderungen sind die Uebergangsbestimmungen III 3 zu vergleichen.

III.

Die zur Ausführung des Gesetzes erforderlichen Gemeindebeschlüsse.

Nach Beendigung der unter II dargestellten Vorarbeiten hat der Gemeindevorstand schließlich die Fassung der zur Durchführung des von ihm aufgestellten Planes erforderlichen Gemeindebeschlüsse herbeizuführen. Bei diesen Beschlüssen kommen namentlich deren Form und Inhalt, die Genehmigung seitens der Aufsichtsbehörden, die rechtzeitige Fassung und die Bekanntmachung in Betracht.

1. Form und Inhalt der Gemeindebeschlüsse.

Die bei der Fassung der fraglichen Gemeindebeschlüsse zu beachtenden formellen Vorschriften sind theils in den Gemeindeverfassungsgesetzen, theils im K.=A.=G. selbst gegeben. Es unterliegen nämlich auch diese Beschlüsse zunächst allen denjenigen Normen, welche die Gemeindeverfassungsgesetze im Allgemeinen über die

Zusammenberufung, die Beschlußfähigkeit und Beschlußfassung der Gemeindebehörden aufstellen. Da wir bei unseren Lesern eine gründliche Kenntniß dieser fast täglich von ihnen zur Anwendung gebrachten Bestimmungen voraussetzen dürfen, so sei hier nur kurz darauf hingewiesen, daß diese Vorschriften im Wesentlichen enthalten sind:

A. Hinsichtlich der Stadtgemeinden:

a) der östlichen Provinzen
in den §§ 39—48, 57—59, 73 der Städteordnung vom 30. Mai 1853 (G. S. S. 261),

b) der Rheinprovinz
in den §§ 36—44, 75 der Städteordnung für die Rheinprovinz vom 15. Mai 1856 (G. S. S. 406),

c) der Provinz Westfalen
in den §§ 39—47, 57—59, 73 der Städteordnung für die Provinz Westfalen vom 19. März 1856 (G. S. S. 237).

B. Hinsichtlich der Landgemeinden:

a) der östlichen Provinzen
in den §§ 104—108, 110, 111 der Landgemeindeordnung für die sieben östlichen Provinzen der Monarchie vom 3. Juli 1891 (G. S. S. 233),

b) der Rheinprovinz
in den §§ 62—66 der Gemeindeordnung für die Rheinprovinz vom 23. Juli 1845 (G. S. S. 523),

c) für die Provinz Westfalen
in den §§ 31—36 der Landgemeindeordnung für die Provinz Westfalen vom 19. März 1856 (G. S. S. 265).

Die vorstehend angezogenen Bestimmungen schreiben u. A. die Eintragung der von der Gemeindevertretung gefaßten Beschlüsse in ein besonderes Protokollbuch vor und sichern auf diese Weise deren dauernde Aufbewahrung. Es ist jedoch — namentlich mit Rücksicht auf die in vielen Fällen erforderliche Genehmigung der Aufsichtsbehörden — nothwendig, daß auch alle diejenigen Unterlagen und Anlagen der Beschlüsse, welche einen Nachweis für deren gesetzmäßiges Zustandekommen bilden, sorgfältig mit aufbewahrt werden. Zu diesen Unterlagen gehören u. A. auch die Bescheinigungen der Gemeindediener ꝛc., über die gehörig und rechtzeitig erfolgte Einladung der Mitglieder der Gemeinde-, bezw. Stadtverordnetenversammlung, über die Bekanntmachung der Tagesordnung u. s. w.

Was im Uebrigen die Form der hier in Rede stehenden Beschlüsse anbelangt, so schreibt das K.-A.-G. für bestimmte Fälle den Erlaß einer Steuerordnung vor. Unter einer Steuerordnung ist eine umfassende, auf die Dauer berechnete Regelung der zu entrichtenden Steuern zu verstehen; sie ergänzt das objective Recht im Wege der Selbstgesetzgebung, beldet einen Theil der Gemeindeverfassung und steht im Gegensatze zu den bezüglich der Steuern im Wege der Selbstverwaltung ergehenden Einzelbeschlüsse der Gemeindevertretung (vgl. Anweisung III zur Ausführung der Landgemeindeordnung vom 3. Juli 1891 unter IX).

Der Erlaß von Steuerordnungen*) ist nach dem K.-A.-G. erforderlich für:

1. Die Einführung neuer und die Veränderung bestehender indirekter Gemeindesteuern (§ 18, Abs. 1).
2. Die Einführung neuer und die Veränderung bestehender direkter Gemeindesteuern, welche nicht in Prozenten der vom Staate veranlagten Steuern erhoben werden (§ 27, Abs. 5).
3. Die Regelung der Bauplatzsteuer (§ 27, Abs. 2).
4. Die Regelung der Rechte des Gemeindevorstandes, bezw. Steuerausschusses und der Obliegenheiten der Steuerpflichtigen nach Maßgabe des § 63.
5. Die Bestimmung, daß die Veranlagung besonderer Realsteuern für mehrere auf einander folgende Rechnungsjahre zu erfolgen hat (§ 64).

---

*) Soweit die bezüglichen Bestimmungen in einer Abgabenordnung getroffen werden, gilt der entsprechende Theil als Steuerordnung im Sinne des Gesetzes (Uebergangsbestimmungen III, 1).

Die Ausf.-A. enthält am Schluß Muster-Ordnungen; vgl. auch den Anhang dieses Buchs.

6. Für die Androhung von Strafen insofern, als in den Steuerordnungen Strafen gegen Zuwiderhandlungen bis zur Höhe von dreißig Mark angedroht werden können (§ 82, Abs. 1).

Abgesehen von diesen Fällen, in denen der Erlaß von Steuerordnungen also obligatorisch ist, stellt es das K.-A.-G. in das freie Ermessen der Gemeinden, ob sie ihre Beschlüsse über Aufbringung von Steuern, Gebühren und Beiträgen als Einzelbeschlüsse fassen oder in die Form einer Steuer- (Gebühren-, Abgaben-) Ordnung kleiden wollen. „Ordnungen" bieten nun aber — wie sich schon aus ihrer obigen Begriffsbestimmung ergiebt — den Vortheil, daß sie einen dauernden, dem Interessenkampfe entrückten Rechtszustand schaffen, welcher so lange gilt, als er nicht ausdrücklich aufgehoben oder abgeändert wird. Es wird sich deshalb der Erlaß von Ordnungen auch in zahlreichen Fällen, in welchen das Gesetz Einzelbeschlüsse zuläßt, empfehlen und namentlich da zweckmäßig sein, wo es sich um eine auf die Dauer berechnete Regelung handelt; also z. B. bei der Einführung von Gebühren jeder Art, bei der Feststellung der Gebührensätze u. s. w. Auch ist zu berücksichtigen, daß in den Ordnungen zweckmäßiger Weise nähere Vorschriften über die Obliegenheiten der Pflichtigen, über Ab- und Zugänge, über die Bildung des Steuerausschusses, die Veranlagungsperioden, die Bekanntmachung der Steuern, die Art der Hebung u. s. w. getroffen und Strafen gegen Zuwiderhandlungen angedroht werden können, wodurch die Durchführung der Ordnungen erleichtert wird. Der Erlaß einer Ordnung erscheint daher auch von diesen Gesichtspunkten aus vielfach angezeigt*).

Uebrigens können auf die Dauer berechnete Beschlüsse selbstverständlich auch als Einzelbeschlüsse gefaßt werden. So empfiehlt es sich z. B. zur Vermeidung jährlicher Wiederholung der sich aus dem Gegensatze der Interessen bei der Steuervertheilung entwickelnden Reibungen, in allen denjenigen Fällen, in welchen Gründe zu einer anderweitigen Beschlußfassung voraussichtlich nicht eintreten werden, das Beitragsverhältniß zwischen der Gesammtheit der Realsteuern

*) Vgl. das von diesen Erwägungen aus aufgestellte Muster im Anhang dieses Buches, S. 89.

und der Einkommensteuer, sowie zwischen den einzelnen Arten der Realsteuern im Voraus für mehrere Rechnungsperioden oder dauernd bis auf anderweitige Bestimmung festzusetzen. Eine derartige Festsetzung gewährt zugleich den Vortheil, daß die nach §§ 57 ff., 77 b und c erforderlichen Genehmigungen und Zustimmungen nicht jährlich eingeholt zu werden brauchen, sondern im Voraus für einen längeren Zeitraum ertheilt werden können. Ist die Festsetzung bezw. die Genehmigung (Zustimmung) des Beitragsverhältnisses im Voraus erfolgt, so können im Haushaltsplan die entsprechenden, auf die einzelnen Steuerarten entfallenden Beträge ausgeworfen werden (Uebergangsbestimmungen III, 3 c). Der Beschluß über die Vertheilung des Steuerbedarfs kann in dem Haushaltungsplane oder durch einen nach Feststellung des Letzteren ergehenden besonderen Gemeindebeschluß erfolgen (ebendaselbst a. a. O.).

Was endlich den Inhalt der zu fassenden Beschlüsse betrifft, so wird der Gemeindevorstand vornehmlich dafür Sorge zu tragen haben, daß sowohl die Ordnungen wie die Einzelbeschlüsse die Fälle, in welchen eine Besteuerung erfolgen soll, genau bezeichnen. Ueberhaupt müssen die Beschlüsse so deutlich und klar gefaßt sein, daß allen Zweifeln über die Bedeutung und die Tragweite ihrer Bestimmungen von vornherein thunlichst vorgebeugt wird.

2. Die Genehmigung der Aufsichtsbehörden.

Um eine der Absicht des Gesetzgebers entsprechende Umgestaltung des Gemeindeabgabenwesens zu sichern, schreibt das K.=A.=G. in zahlreichen Fällen vor, daß die von den Gemeinden gefaßten Beschlüsse der staatlichen Genehmigung bedürfen.

Der Genehmigung bedürfen insbesondere:

a) Die Festsetzung von Gebühren in den Fällen des § 4, Abs. 3 und 5 (vgl. S. 8).

b) Die Festsetzung von Verwaltungsgebühren (§ 6).

c) Der Beschluß der Gemeinde wegen der Erhebung von Beiträgen (§ 9, Abs. 3).

d) Vereinbarungen der Gemeinde mit den Betheiligten,

wonach der Jahresbeitrag der zu entrichtenden indirekten Steuern für mehrere Jahre im Voraus fest bestimmt wird (§ 13, Abs. 2)

e) Steuerordnungen (§§ 18, 23, Abs. 4 und 5, 27 Abs. 2, 63 und 64).

f) Beschlüsse, betreffend eine Mehr- oder Minderbelastung nach § 20, Abs. 2.

g) Die verschiedene Abstufung der Gewerbesteuersätze und Prozente nach § 31.

h) Besondere Gemeindeeinkommensteuern (§ 37, Abs. 1).

i) Der Gemeindebeschluß, durch welchen Steuerpflichtige mit einem Einkommen von nicht mehr als 900 Mark von der Beitragspflicht entbunden oder mit einem geringeren Prozentsatze herangezogen werden (§ 38, Abs. 2).

k) Die auf Grund des § 39 gefaßten Gemeindebeschlüsse, nach welchen Ausländer und Angehörige anderer Bundesstaaten, welche in der Gemeinde einen Wohnsitz, aber nicht des Erwerbes wegen haben, auf die Dauer von höchstens drei Jahren zu den Gemeindeeinkommensteuer nicht oder nur mit einem ermäßigten Prozentsatze heranzuziehen sind § 39, Abs. 2).

l) Vereinbarungen mit Steuerpflichtigen auf Grund des § 43.

m) Zuschläge über den vollen Satz der Staatseinkommensteuer hinaus und Abweichungen von den im § 54 enthaltenen Vorschriften (§ 55, Abs. 1).

n) Die Untervertheilung des Steuerbedarfs auf die Realsteuern nach § 56, Abs. 2 und 4.

o) Zuschläge zur Betriebssteuer, die 100% übersteigen (§ 58).

p) Abweichungen von den Bestimmungen des § 68 über Naturaldienste (§ 68, Abs. 2)*).

Für die Ertheilung der Genehmigung ist in den vorstehenden Fällen nach § 77 (vgl. S. 29) bei Stadtgemeinden der Bezirksausschuß, bei Landgemeinden der Kreisausschuß zuständig.

---

*) Wegen der Zustimmung der Herren Minister des Innern und der Finanzen vgl. oben S. 29. Außerdem ist Zustimmung bezw. „Genehmigung" der Herren Minister erforderlich in den Fällen der §§ 23, Abs. 4, 37, Abs. 2, bezw. 56, Abs. 3.

Bei der Einreichung der zu genehmigenden Beschlüsse an diese Behörden sind selbstverständlich die von den Aufsichtsbehörden in dieser Beziehung erlassenen Anordnungen genau zu befolgen. Wo es an solchen Verordnungen fehlt, da werden die fraglichen Beschlüsse (Ordnungen und Einzelbeschlüsse) zweckmäßiger Weise den genannten Beschlußbehörden nicht unmittelbar, sondern durch Vermittlung der Kommunalaufsichtsbehörden (Regierungspräsident, Landrath) vorzulegen sein.

Damit die Ertheilung der Genehmigung nicht durch Rückfragen der Aufsichtsbehörden verzögert wird, werden die Gemeindevorstände im Uebrigen namentlich Folgendes zu beachten haben:

a) Der Inhalt aller der Genehmigung bedürfenden Beschlüsse muß mit besonderer Sorgfalt formulirt werden und in jeder Beziehung klar und deutlich gefaßt sein. Wo der Inhalt der Beschlüsse zu Zweifeln Veranlassung giebt, da sind die Aufsichtsbehörden schlechterdings nicht in der Lage, die beantragte Genehmigung zu ertheilen, werden vielmehr die Verhandlungen zur Herbeiführung einer anderweiten Beschlußfassung zurückgeben müssen. Eine erneute Beschlußfassung hat aber — ganz abgesehen von der vielleicht mit großen Nachtheilen verbundenen Verzögerung der Angelegenheit (vgl. z. B. unter 3) — immer etwas Mißliches und kann insbesondere unter Umständen die Ablehnung eines mit vieler Mühe erlangten Gemeindebeschlusses zur Folge haben. Die Ertheilung der Genehmigung wird in der Regel dadurch beschleunigt werden können, daß die Beschlüsse sich thunlichst den mit der Ausf.-A. mitgetheilten Muster-Ordnungen anschließen; unnöthige, durch die Sache nicht begründete Abweichungen von diesen mit großer Sorgfalt ausgearbeiteten Muster-Ordnungen müssen daher jedenfalls vermieden werden.

b) Daß der Inhalt der zu genehmigenden Beschlüsse mit den Bestimmungen und dem Geiste des K.-A.-G. im Einklang stehen muß, braucht eigentlich — weil selbstverständlich — nicht besonders hervorgehoben zu werden. Es sei jedoch auch an dieser Stelle nochmals betont, daß die Steuerreform und der Verzicht des Staates auf die Forterhebung der Realsteuern hauptsächlich eine Herabminderung der Gemeindezuschläge zur Einkommensteuer herbeiführen wollen. Gemeindebeschlüsse, welche bei der Umgestaltung des Gemeindesteuerwesens auf eine Entlastung des Grundbesitzes und Gewerbebetriebes auf Kosten der Einkommensteuerzuschläge hinauslaufen, stehen also mit der Absicht des K.=A.=G. ganz besonders im Widerspruch und werden niemals genehmigt werden können.

c) Mit den Beschlüssen selbst müssen den Aufsichtsbehörden alle zugehörigen Unterlagen und Anlagen vorgelegt werden (vgl. oben S. 57).

d) Die Berichte, mittels welcher die Beschlüsse überreicht werden, müssen eine ausführliche Darstellung derjenigen Verhältnisse und eine eingehende Erörterung derjenigen Erwägungen enthalten, welche für die Beschlußfassung der Gemeinde von Bedeutung gewesen sind. Eine solche Erläuterung ist ganz besonders dann nothwendig, wenn Abweichungen von den im K.=A.=G. aufgestellten Regeln beschlossen worden sind; fehlt es in solchen Fällen an einer ausreichenden sachlichen Begründung der Beschlüsse, so wird die erbetene Genehmigung nicht ertheilt werden können.

Wird die Genehmigung versagt, so findet gegen den Beschluß des Kreisausschusses innerhalb zwei Wochen die Beschwerde an den Bezirksausschuß, gegen den in erster Instanz ergehenden Beschluß des Bezirksausschusses innerhalb der gleichen Frist die Beschwerde an den Provinzialrath statt. Die in zweiter Instanz ergehenden Beschlüsse des Bezirksausschusses und die Beschlüsse des Provinzialraths sind endgültig (§ 121 des Gesetzes über die allgemeine Landesverwaltung vom 30. Juli 1883). Die Beschwerde ist bei derjenigen Behörde, gegen deren Beschluß sie gerichtet ist. anzubringen (§ 122, Abs. 1 a. a. O.).

3. Die rechtzeitige Fassung der Beschlüsse.

Nach den Uebergangsbestimmungen unter I 5 müssen die zur Durchführung des Planes erforderlichen Gemeindebeschlüsse so zeitig erfolgen, daß sie soweit es sich um die Ausführung von Vorschriften des Gesetzes handelt, welche zwingender Natur sind (zu vgl. Artikel 62 des Ausf.=A.) mit dem 1. April 1895 zur Wirkung gelangen. Hierbei ist insbesondere bezüglich aller der Genehmigung bedürfenden Beschlüsse u. s. w. auf den Zeitraum Rücksicht zu nehmen, welcher je nach dem Instanzenwege zur Einholung und Ertheilung der Genehmigung bezw. Zustimmung erforderlich ist. Soweit es sich um die Zustimmung der Minister des Innern und der Finanzen handelt (§§ 37, Abs. 2 und 77, Abs. 2) sollen die Anträge spätestens bis zum 1. Januar 1895 dem Minister des Innern — im Instanzenwege eingereicht werden.

Außerdem sei hier noch besonders auf die Nachtheile hingewiesen, welche den Gemeinden nach § 59 K.-A.-G. erwachsen, wenn sie über die Vertheilung des Steuerbedarfs nach den Bestimmungen der §§ 54—57 nicht bis zum Ablaufe der ersten drei Monate des Rechnungsjahres Beschluß fassen (vgl. oben S. 25).

4. Bekanntmachung der Beschlüsse.

Die genehmigten Steuerordnungen müssen ebenso wie ortsstatutarische Vorschriften ortsüblich bekannt gemacht werden; die hierauf bezüglichen Nachweise sind aufzubewahren (Ausf.-A. Art. 4 unter 3, Art. 9 unter 4).

Für die nach § 65, Abs. 1 erforderliche besondere Mittheilung an einzelne Steuerpflichtige hat das K.-A.-G. eine bestimmte Form nicht vorgeschrieben. Durch Artikel 43 der Ausf.-A. ist jedoch angeordnet worden, daß in diesem Falle die Zustellung der Mittheilung innerhalb Preußens durch einen öffentlichen Beamten unter Bescheinigung der Behändigung auszuführen ist. Die Post kann um Bewirkung der Zustellung ersucht werden. Für die Zustellung gelten die in den §§ 9 bis 16 der Verordnung vom 7. September 1879 (G. S. S. 521) gegebenen Vorschriften mit der Maßgabe, daß an die Stelle der Vollstreckungsbehörde der Gemeindevorstand tritt, welcher die Zustellung anordnet, und daß es nicht der Aufnahme einer förmlichen Zustellungsurkunde bedarf; es genügt eine Bescheinigung des öffentlichen Beamten, welche Ort und Zeit der Zustellung, die Bezeichnung des zugestellten Schriftstückes, die Person, an welche dasselbe übergeben ist, sowie die Ueberschrift des Beamten enthalten muß. Diese Bescheinigungen können für eine Mehrzahl von Zustellungen tabellarisch zusammen gefaßt werden. Die hier angezogenen §§ 9 bis 16 der Verordnung vom 7. September 1879 lauten folgendermaßen:

§ 9. Die Zustellungen für nicht prozeßfähige Personen erfolgen für dieselben an deren gesetzliche Vertreter.

Bei Behörden, Gemeinden und Korporationen, sowie bei Personenvereinen, welche als solche klagen und verklagt werden können, genügt die Zustellung an die Vorsteher.

Bei mehreren gesetzlichen Vertretern, sowie bei mehreren Vorstehern genügt die Zustellung an einen derselben.

§ 10. Die Zustellung für einen Unteroffizier oder einen Gemeinen des aktiven Heeres oder der aktiven Marine erfolgt an den Chef der zunächst vorgesetzten Kommandobehörde (Chef der Kompagnie, Eskadron, Batterie u. s. w.).

§ 11. Die Zustellung kann an den Bevollmächtigten und, wenn dieselbe durch den Betrieb eines Handelsgewerbes veranlaßt ist, an den Prokuristen erfolgen.

§ 12. Für die Ausführung der Zustellungen gelten die in den §§ 165 bis 170 der Deutschen Civilprozeßordnung gegebenen Vorschriften. Im Falle des § 167 findet jedoch die Niederlegung des zu übergebenden Schriftstückes nur bei der Ortsbehörde oder bei der Postanstalt des Zustellungsortes statt.

§ 13. An Sonntagen und allgemeinen Feiertagen darf eine Zustellung nur mit Erlaubniß der Vollstreckungsbehörde erfolgen; die Verfügung, durch welche die Erlaubniß ertheilt wird, ist bei der Zustellung auf Erfordern vorzuzeigen. Eine Zustellung, bei welcher diese Bestimmungen nicht beobachtet sind, ist gültig, wenn die Annahme nicht verweigert ist.

§ 14. Ueber die Zustellung ist eine Urkunde aufzunehmen, dieselbe muß enthalten:

1) Ort und Zeit der Zustellung;
2) die Bezeichnung des zuzustellenden Schriftstückes;
3) die Bezeichnung der Person, an welche zugestellt werden soll;
4) die Bezeichnung der Person, welcher zugestellt ist; in den Fällen der §§ 166, 168, 169 der Deutschen Civilprozeßordnung die Angabe des Grundes, durch welchen die Zustellung an die bezeichnete Person gerechtfertigt wird; wenn nach § 167 a. a. O. verfahren ist, die Bemerkung, wie die darin enthaltenen Vorschriften nach Maßgabe des § 12 dieser Verordnung befolgt sind;
5) im Falle der Verweigerung der Annahme die Erwähnung, daß die Annahme verweigert und das zu übergebende Schriftstück am Orte der Zustellung zurückgelassen ist;

6) die Bemerkung, daß das zuzustellende Schriftstück übergeben ist;

7) die Unterschrift des die Zustellung vollziehenden Beamten.

§ 15. Wird durch die Post zugestellt, so hat die Vollstreckungsbehörde einen durch ihr Dienstsiegel verschlossenen, mit der Adresse der Person, an welche zugestellt werden soll, versehenen und mit einer Geschäftsnummer bezeichneten Briefumschlag, in welchem das zuzustellende Schriftstück enthalten ist, der Post mit dem Ersuchen zu übergeben, die Zustellung einem Postboten des Bestimmungsortes aufzutragen. Daß die Uebergabe in der bezeichneten Art geschehen, ist von der Vollstreckungsbehörde oder dem Vollziehungsbeamten zu bescheinigen.

§ 16. Die Zustellung durch den Postboten erfolgt in Gemäßheit der Bestimmung des § 12. Ueber die Zustellung ist von dem Postboten eine Urkunde aufzunehmen, welche den Bestimmungen des § 14 Nr. 1, 3 bis 5, 7 entsprechen und die Uebergabe des seinem Verschlusse, seiner Adresse und seiner Geschäftsnummer nach bezeichneten Briefumschlages bezeugen muß.

Die Urkunde ist von dem Postboten der Postanstalt und von dieser der Vollstreckungsbehörde zu überliefern.

Die Zustellungen außerhalb Preußens sind in der Regel mittels eingeschriebenen Briefes gegen einen zu den Akten zurückgelangenden Empfangsschein zu bewirken. Sind Wohnsitz und Aufenthalt eines Steuerpflichtigen unbekannt, so kann die Zustellung an denselben durch Anheften des zuzustellenden Schriftstücks an der zum Aushängen bestimmten Stelle der veranlagenden Gemeinde erfolgen. Die Zustellung gilt für vollzogen, wenn seit der Anheftung zwei Wochen verstrichen sind.

Im Uebrigen ist wegen der Bekanntmachung der direkten Gemeindesteuern der § 65 des Gesetzes zu vergleichen.

I.

Verhältniß der Real- und der Einkommensteuerbelastung nach § 54 des Kommunalabgabengesetzes.*)

Realsteuerbelastung (in Prozenten der vom Staate veranlagten Realsteuern)	Mindestbetrag der Einkommensteuerbelastung (in Prozenten der Staatseinkommensteuer)	Höchster Betrag der Einkommensteuerbelastung (in Prozenten der Staatseinkommensteuer)	Realsteuerbelastung (in Prozenten der vom Staate veranlagten Realsteuern)	Mindestbetrag der Einkommensteuerbelastung (in Prozenten der Staatseinkommensteuer)	Höchster Betrag der Einkommensteuerbelastung (in Prozenten der Staatseinkommensteuer)
101	67⅓	101	125	83⅓	125
102	68	102	126	84	126
103	68⅔	103	127	84⅔	127
104	69⅓	104	128	85⅓	128
105	70	105	129	86	129
106	70⅔	106	130	86⅔	130
107	71⅓	107	131	87⅓	131
108	72	108	132	88	132
109	72⅔	109	133	88⅔	133
110	73⅓	110	134	89⅓	134
111	74	111	135	90	135
112	74⅔	112	136	90⅔	136
113	75⅓	113	137	91⅓	137
114	76	114	138	92	138
115	76⅔	115	139	92⅔	139
116	77⅓	116	140	93⅓	140
117	78	117	141	94	141
118	78⅔	118	142	94⅔	142
119	79⅓	119	143	95⅓	143
120	80	120	144	96	144
121	80⅔	121	145	96⅔	145
122	81⅓	122	146	97⅓	146
123	82	123	147	98	147
124	82⅔	124	148	98⅔	148

Realsteuerbelastung (in Prozenten der vom Staate veranlagten Realsteuern)	Mindestbetrag der Einkommensteuerbelastung (in Prozenten der Staatseinkommensteuer)	Höchster Betrag der Einkommensteuerbelastung (in Prozenten der Staatseinkommensteuer)	Realsteuerbelastung (in Prozenten der vom Staate veranlagten Realsteuern)	Mindestbetrag der Einkommensteuerbelastung (in Prozenten der Staatseinkommensteuer)	Höchster Betrag der Einkommensteuerbelastung (in Prozenten der Staatseinkommensteuer)
149	99 1/3	149	175	116 2/3	200
150	100	150	176	117 1/3	202
151	100 2/3	152	177	118	204
152	101 1/3	154	178	118 2/3	206
153	102	156	179	119 1/3	208
154	102 2/3	158	180	120	210
155	103 1/3	160	181	120 2/3	212
156	104	162	182	121 1/3	214
157	104 2/3	164	183	122	216
158	105 1/3	166	184	122 2/3	218
159	106	168	185	123 1/3	220
160	106 2/3	170	186	124	222
161	107 1/3	172	187	124 2/3	224
162	108	174	188	125 1/3	226
163	108 2/3	176	189	126	228
164	109 1/3	178	190	126 2/3	230
165	110	180	191	127 1/3	232
166	110 2/3	182	192	128	234
167	111 1/3	184	193	128 2/3	236
168	112	186	194	129 1/3	238
169	112 2/3	188	195	130	240
170	113 1/3	190	196	130 2/3	242
171	114	192	197	131 1/3	244
172	114 2/3	194	198	132	246
173	115 1/3	196	199	132 2/3	248
174	116	198	200	133 1/3	250

*) Anlage der Ausführungsanweisung.

II.

Plan
zur Ausführung des Kommunalabgabengesetzes in der Stadt- (Land-) gemeinde ..... für 1895/96.

Frage:	Antwort:
I. Einleitung.	
1. Betrag der vom Staate veranlagten	
a) Grundsteuer — für das Rechnungsjahr 1895/96	1. a) 380 M.
b) Gebäudesteuer — für das Rechnungsjahr 1895/96	b) 8 000 „
c) Gewerbesteuer — für das Rechnungsjahr 1895/96	c) 9 400 „
d) der Betriebssteuer — für das Rechnungsjahr 1895/96	d) 500 „
e) der Einkommensteuer (einschließl. der fingirt veranlagten Steuern) — für das Rechnungsjahr 1895/96	e) 56 200 „
2. Betrag des durch Steuern aufgebrachten Bedarfs im vorvergangenen Rechnungsjahr?	2. 56 000 M.
3. Wie ist der Bedarf zu 2. gedeckt worden?	3. 100 % der Einkommensteuer.
4. Wie soll im Allgemeinen eine dem K.-A.-G. entsprechende Ausgestaltung des Finanzwesens erreicht werden?	4. Durch Heranziehung der Realsteuern, Erhöhung bestehender Gebühren, Einführung von Beiträgen und einer Hundesteuer.
II. Gemeindevermögen (§ 2 K.-A.-G.) (abgesehen von den gewerblichen Unternehmungen).	
A. Unbewegliches Vermögen.	A.
1. Fließen sämmtliche Einkünfte in die Gemeindekasse?	1. Ja.
2. a) Sind die Erträge (Pacht-, Miethszinsen u. s. w.) angemessen?	2. a) Ja.
b) können dieselben ohne Außerachtlassung allgemeiner wirthschaftlicher Gesichtspunkte gesteigert werden?	b) Nein.

Frage:	Antwort:
3. Voraussichtliche Höhe der Einkünfte für 1895/96?	3. 4500 M.
B. Vorhandenes Baarvermögen.	B.
1. Bestandtheile desselben?	1. Ein Kapital von 1500 Mark.
2. Ist dasselbe zinsbar belegt?	2. In $3^1/_2$ %igen preußischen Staatspapieren.
3. Wie werden die Zinsen verwendet?	3. Zur Bestreitung von Gemeindeausgaben.
4. Wie werden die laufenden Ueberschüsse der Verwaltung nutzbar gemacht?	4. Zur Bestreitung außerordentlicher Ausgaben.
III. **Gewerbliche Unternehmungen.**	
1. Bezeichnung derselben unter a, b, c u. s. w.	1. a) Nur die Gasanstalt.
2. Welche dienen zugleich einem öffentlichen Interesse? (a, b, c)	2. Keine.
3. Angabe für die einzelnen Uebernehmungen (a, b, c);	
a) der Gesammtausgabe einschließlich derjenigen für Verzinsung und Tilgung des Anlagekapitals nach dem Durchschnitt der letzten 3 Rechnungsjahre;	3. a) 49 500 M.
b) des ursprünglichen Anlagekapitals;	b) 200 600 M.
c) des gegenwärtig noch zu verzinsenden und zu tilgenden Theiles (Zins- und Tilgungssatz)	c) 25 000 M. ($3^1/_2$ bezw. 2 %).
4. a) Welche Einnahmen sind nach dem Durchschnitt der letzten 3 Rechnungsjahre aus den einzelnen Unternehmungen (a, b, c) erzielt und	4. a) 64 500 M.
b) wie hoch belaufen sich die Betriebsüberschüsse?	b) 15 000 M.

Frage:	Antwort:
5. In welcher Höhe werden Betriebs- und Reservefonds angesammelt? (a, b, c)?	5. Betriebs- und Reservefonds sind nicht angesammelt.
6. a) In welcher Weise lassen sich die Einnahmen noch steigern?	6. a) In keiner Weise.
b) Lassen sich insbesondere bei den Unternehmungen zu 2 ohne Schädigung des öffentlichen Interesses die Einnahmen derart steigern, daß a) Betriebsüberschüsse erzielt oder b) doch wenigstens die gesammten Ausgaben einschließlich derjenigen für Verzinsung und Tilgung des Anlagekapitals aus ihnen gedeckt werden können?	b) —
IV. **Verwaltungsgebühren** (§ 6 K.-A.-G.).	
1. Sollen Gebühren erhoben werden	
a) für die Genehmigung und Beaufsichtigung von Neubauten, Umbauten und anderen baulichen Herstellungen?	1. a) Ja.
b) für die ordnungs- und feuerpolizeiliche Beaufsichtigung von Messen und Märkten?	b) Nein.
c) für die ordnungs- und feuerpolizeiliche Beaufsichtigung von Musikaufführungen, Schaustellungen, theatralischen Vorstellungen und sonstigen Lustbarkeiten?	c) Nein.
2. Ungefähre Höhe der jährlichen Kosten der Verwaltungszweige zu 1a, b und c.	2. 1a) 2200 M.
3. Voraussichtliche jährliche Einnahmen an Gebühren zu 1a, 1b und 1c.	3. 1a) 2000 M.
4. Bemerkungen über die Höhe der Gebührensätze und die Ermittelung derselben, sowie der Kosten der betreffenden Verwaltungszweige. NB. Hier empfiehlt sich die Bezugnahme auf Anlagen.	4. Vgl. d. Anlage.

Frage:	Antwort:
V. Gebühren (§ 4 K.-A.-G.)	
A. Höhere Lehranstalten.	A.
1. Welche höhere Lehranstalten und höhere Fachschulen sind vorhanden? a, b, c u. s. w.	1. a) die höhere Töchterschule.
2. Wie hoch waren die Gesammtausgaben für die einzelnen Anstalten im letzten Rechnungsjahre zu a, b, c u. s. w.	2. a) 6055 M.
3. Wie hoch ist das Schulgeld zu a, b, c u. s. w.	3. a) In Klasse 4: 40 M. „ 3: 50 „ „ 2: 60 „ „ 1: 70 „
4. Wie groß war im letzten Rechnungsjahr die Einnahme an Schulgeld zu a, b, c u. s. w.? (unter Angabe der Kopfzahl der Kinder).	4. a) 3685 M. bei 67 Kindern.
5. Soll das Schulgeld erhöht werden?	5. Ja; auf 48, bezw. 56, 64 und 72 M. Mehreinnahme etwa 300 M.
B. Gebühren nach § 4, Abs. 1—3 K.-A.-G.	B.
1. Benennung der betreffenden Veranstaltungen unter a, b, c u. s. w.	1. a) Der städt. Speicher.
2. a) Bei welchen der unter 1 aufgeführten Veranstaltungen (a, b, c u. s. w.) müssen nach § 4, Abs. 2 Gebühren erhoben werden?	2. a) Zu 1a.
b) Und werden hier Gebühren erhoben?	b) Ja.
3. Wie hoch sind die durchschnittlichen jährlichen Verwaltungs- und Unterhaltungskosten der einzelnen Veranstaltungen (a, b, c u. s. w.) einschließlich der Ausgaben für Verzinsung und Tilgung des aufgewendeten Kapitals?	3. 750 M.
4. Welche Gesammtbeträge an Gebühren sind bei den einzelnen Veranstaltungen (a, b, c u. s. w.) im letzten Rechnungsjahr erhoben worden?	4. 800 M.

Frage:	Antwort:
5. a) Müssen die Gebühren erhöht werden, damit die Kosten unter 3 gedeckt werden? (zu 1a, 1b, 1c u. s. w. anzugeben)	5. a) Nein.
b) Und auf welchen Betrag?	b) Nein.
6. Findet eine Ausgleichung durch Beiträge (§ 9) oder durch Mehr- oder Minderbelastung statt?	6. Nein.
7. Bei welchen Veranstaltungen findet eine Ermäßigung der Gebührensätze statt? aus welchem Grunde und in welchem Umfange?	7. —
C. Welche Chaussee-, Wege-, Pflaster-, Brücken-, Fähr-, Hafen-, Schleusengelder und andere derartige Verkehrsabgaben werden erhoben und welche Erträge sind im letzten Jahre aufgekommen?	C. Für Verpachtung von 2 Chausseegeldhebestellen . . 1400 M.
D. Welche Einnahmen an Marktstandsgeld (Gesetz vom 26. April 1872 [G.-S. S. 513]) sind im letzten Rechnungsjahre eingegangen?	D. 450 M.
E. Bestehen Kurtaxen (§ 12 K.-A.G.) oder können dieselben eingeführt werden?	E. Nein.
F. Schlachthausgebühren (I.) und Abgaben für die Untersuchung des nicht in öffentlichen Schlachthäusern ausgeschlachteten Fleisches (II.) — § 11 K.-A.-G.	F. Ein öffentliches Schlachthaus ist nicht vorhanden.
I. 1. Wie hoch sind die jährlichen Unterhaltungs- und Betriebskosten?	

Frage:	Antwort:
2. Welches ist die ursprüngliche Höhe a) des Anlagekapitals, b) der gezahlten Entschädigungssumme?	
3. Gesammtbetrag der im letzten Rechnungsjahr aufgekommenen Gebühren?	
4. Sollen die Gebühren soweit erhöht werden, daß durch ihr jährliches Aufkommen die Kosten der Unterhaltung der Anlage und des Betriebes sowie ein Betrag von 8% des ursprünglichen Anlagekapitals und der etwa ursprünglich gezahlten Entschädigungssumme gedeckt werden?	
II. 1. Gesammtbetrag der Gebühren für die Untersuchung des nicht in öffentlichen Schlachthäusern ausgeschlachteten Fleisches im letzten Rechnungsjahre?	
2. Sollen die Gebühren nach § 11, Abs. 3 K.-A.-G. bemessen werden?	
VI. Beiträge.	
A. Auf Grund des § 15 des Fluchtliniengesetzes vom 2. Juli 1875 (G.-S.-S. 561) — § 10 K.-A.-G.	A.
1. Welcher Betrag a) ist im letzten Rechnungsjahr aufgekommen? b) ist für 1895/96 voraussichtlich zu erwarten?	1. a) 450 M. b) 370 „
2. Sollen die Beiträge künftig nach einem andern als dem in § 15 a. a. O. vorgesehenen Maaßstabe bemessen werden?	2. Nein.
B. Auf Grund des § 9 des K.-A.-G.	B.
1. Benennung der betreffenden Veranstaltungen, für welche die Erhebung von Beiträgen geplant ist (a, b, c)	1. Entwässerungsanlage für das sogen. Kaiserquartier.

Frage:	Antwort:
2. a) Müssen für die geplanten Veranstaltungen nach § 9 Abs. 2 Beiträge erhoben werden?	2. a) Ja.
b) für die ?	
3. a) Voraussichtliche Jahreseinnahme und	3. a) 500 M.
b) beabsichtigte Höhe der Beiträge?	b) 20 M. für das laufende Meter Straßenfront.
4. In welcher Weise sollen die Beiträge entrichtet werden? (Kapital- oder Rentenzahlung?)	4. Einmalige Kapitalzahlung.
5. a) Sollen neben den Beiträgen noch Gebühren erhoben werden?	5. a) Nein.
b) Werden die Beiträge nur für die Herstellung erhoben?	b) Ja.
VII. **Indirekte Gemeindesteuern** (§§ 13 ff. K.-A.-G.).	
1. Welche indirekte Steuern	1. a) Eine Lustbarkeitssteuer.
a) bestehen bereits (a, b, c u. s. w.) und	
b) welche Einnahmen sind aus ihnen im letzten Rechnungsjahre erzielt worden (a, b, c u. s. w.)	b) 450 M. (1 a).
2. Welche indirekte Steuern sollen	
a) neu eingeführt werden und (a, b, c u. s. w.)	2. a) Eine Hundesteuer.
b) welche Jahreseinnahmen sind voraussichtlich zu erwarten? (a, b, c u. s. w.)	b) 1200 M.
NB. Bezüglich der neu einzuführenden Steuern sind die Grundsätze der Besteuerung und die Höhe der Steuern in besonderer Anlage anzugeben und zu erläutern.	Vgl. die Anlage.
VIII. **Direkte Gemeindesteuern** (§§ 20 ff. K.-A.-G.).	
1. Wird die Einführung besonderer direkter Gemeindesteuern vom Grundbesitz und Gewerbebetrieb, sowie einer besonderen Gemeindeeinkommensteuer beabsichtigt? (§§ 23 Abs. 2, 25, 29, 37 K.-A.-G.).	1. Nein.

Frage:	Antwort:
2. Soll eine Mehr- oder Minderbelastung gemäß § 20 Abs. 2 K.-A.-G. stattfinden?	2. Nein.
3. Besteht die Verpflichtung einer Betriebsgegemeinde zur Leistung von Zuschüssen? (§ 53 K.-A.-G.). Wie hoch wird sich der Zuschuß belaufen?	3. Nein.
4. Soll auf Grund und innerhalb der Grenzen des § 56 Abs. 2 ff K.-A.-G. eine verschiedenartige Belastung der Realsteuern erfolgen?	4. Nein.
5. Soll eine Bauplatzsteuer (§ 27 Abs. 2) a) eingeführt werden? b) voraussichtlicher Jahresertrag derselben.	5. Nein.
6. Wie soll die Betriebssteuer herangezogen werden?	6. Mit 100 %.

IX. **Ermittelung des Steuerbedarfs im engeren Sinne und Vertheilung desselben auf die Realsteuern und die Einkommensteuer** (§ 54 K.-A.-G.).

Der Haushaltsbedarf der Gemeinde für das Jahr 1895/96 beträgt		118 500 M.
Hiervon werden durch die vorstehend unter II, III, IV, V, VI und VII bezeichneten Einnahmen und durch sonstige, nicht zu den direkten Steuern zählende Einnahmen (z. B. aus den vom Staate und weiteren Kommunalverbänden überwiesenen Mitteln, aus der Wanderlagersteuer u. s. w.) gedeckt		66 500 M.
Es bleiben daher noch aufzubringen . . .		52 000 M.
Hiervon ab das der Gemeinde verbleibende Aufkommen der Betriebssteuer mit	500 M.	
Das Aufkommen der Bauplatzsteuer mit	— M.	500 M.
Der Steuerbedarf im engeren Sinne beträgt sonach		51 500 M.

Zur Deckung dieses Bedarfs sollen belastet werden

die Grundsteuer mit	100 % =	380 M.
„ Gebäudesteuer mit	100 % =	8 000 M.
„ Gewerbesteuer „	100 % =	9 400 M.
„ Einkommensteuer mit	60 % =	33 720 M.
wie oben . . .		51 500 M.

NB. In einer besonderen Anlage ist diese Vertheilung näher zu begründen.

Frage:	Antwort:
X. Naturaldienste (§ 68 K.-A.-G.).	
1. Zu welchen Naturaldiensten werden die Pflichtigen herangezogen?	1. Zu keinen.
2. Darf an Stelle der Naturaldienste ein angemessener Geldbetrag treten?	
3. Stehen die gültigen statutarischen Anordnungen und das übliche Herkommen mit dem § 68 im Einklang?	
XI. Veranlagung und Erhebung der direkten Gemeindesteuern. Rechnungsjahr (§§ 61 ff. 95 K.-A.-G.).	
1. Soll die Veranlagung durch den Magistrat oder durch einen besondern Steuerausschuß erfolgen? (§ 67)	1. Durch den Magistrat.
2. Sollen die Rechte des Gemeindevorstandes (Steuerausschusses) und die Obliegenheiten der Pflichtigen nach Maaßgabe der Bestimmungen im § 63 geregelt werden?	2. Nein.
3. Erfolgt die Veranlagung besonderer Realsteuern für mehrere aufeinanderfolgende Rechnungsjahre? (§ 64)	3. Besondere Realsteuern werden nicht eingeführt.

Frage:	Antwort:
4. Soll an Stelle der Bekanntmachung der Steuern durch Auslegung der Heberolle eine besondere Mittheilung an jeden einzelnen Pflichtigen angeordnet werden? (§ 65).	4. Ja.
5. Soll an Stelle der monatlichen Hebung eine 2- oder 3monatliche Hebeperiode eingeführt und sollen bestimmte Hebetage festgesetzt werden? bezw. soll unter Feststellung der Hebetermine die Hebung der Steuer in halbjährigen Beträgen oder im Betrage des ganzen Jahres angeordnet werden? (§ 66).	5. Es soll eine 3monatliche Hebeperiode eingeführt werden.
6. Soll an Stelle des Rechnungsjahres eine Periode von 2 oder 3 Rechnungsjahren treten?	6. Nein.

III.

Muster zu Ordnungen, betreffend die Erhebung von Gebühren, Beiträgen und Steuern.

Vorbemerkung: Die nachstehende Zusammenstellung enthält nur solche Ordnungen, für welche die Ausführungs-Anweisung keine Muster giebt. Den Entwürfen liegen von verschiedenen Gemeinden errichtete Ordnungen zu Grunde, welche indeß in allen Fällen einer sorgfältigen Prüfung und Umarbeitung unterzogen worden sind.

Ordnung,
betreffend die Erhebung von Gebühren für die Genehmigung und Beaufsichtigung von Neubauten, Umbauten und anderer baulichen Herstellungen im Bezirke der Stadt . . . .

Auf Grund der §§ 6, 7 und 8 des Kommunalabgabengesetzes vom 14. Juli 1893 wird hierdurch zufolge Beschlusses der hiesigen Stadtverordnetenversammlung vom . . . . nachstehende Ordnung, betreffend die Erhebung von Gebühren für die Genehmigung und Beaufsichtigung von Neubauten, Umbauten und anderer baulichen Herstellungen im Bezirke der Stadt . . . . . erlassen:

§ 1. Für die Genehmigung und Beaufsichtigung von Neubauten, Umbauten und anderer baulicher Herstellungen ist fortan an die hiesige Stadtkasse eine Gebühr zu entrichten:

§ 2. Diese Gebühr wird nach dem Bauwerthe bemessen und soll betragen bei einem Bauwerthe

von mehr als Mark	bis einschließlich Mark	Mark
—	1 000	2
1 000	5 000	5
5 000	10 000	10
10 000	15 000	15
15 000	20 000	20

von mehr als Mark	bis einschließlich Mark	Mark
20 000	25 000	25
25 000	30 000	30
30 000	35 000	35
35 000	45 000	45
45 000	50 000	50
50 000	60 000	60

Bei einem höheren Bauwerthe steigt die Gebühr in Stufen von 10 000 Mark um je 10 Mark.

§ 3. Der Bauwerth wird durch das städtische Bauamt festgestellt, gegen dessen Festsetzung die sofortige Beschwerde an den Magistrat stattfindet. Letzterer entscheidet auch die Beschwerde vorbehaltlich der durch die §§ 69 ff. des Kommunalabgabengesetzes vom 14. Juli 1893 gegebenen Rechtsmittel.

§ 4. Die nach § 3 festgesetzte Gebühr ist vor Ertheilung des Bauscheins auf der hiesigen Stadtkasse einzuzahlen und unterliegt im Falle der Nichteinzahlung der Beitreibung im Verwaltungszwangsverfahren nach Maßgabe der Verordnung vom 7. September 1879 (G. S. § 591).

§ 5. Weist der Bauherr durch Vorlegung der abgeschlossenen Baurechnungen nach, daß der wirkliche Bauwerth geringer geblieben ist als der nach § 3 festgesetzte Bauwerth, so erfolgt auf Anweisung des Magistrats auf die entrichtete Gebühr eine entsprechende Erstattung.

§ 6. Gelangt der angemeldete und genehmigte Bau nicht innerhalb [Jahres]frist zur Ausführung, so werden [2/3] der Gebühr auf Antrag erstattet.

§ 7. Ist der mit der Bauabnahme beauftragte städtische Beamte genöthigt, bei mangelhaftem Befunde die Rohbau- oder Schlußbau-Abnahme zu wiederholen, so erfolgt auf die Gebühr eine Nachhebung von 10 %, jedoch nicht unter 1 Mark und nicht über 5 Mark, für jede weitere Abnahme.

§ 8. Bezüglich der den Abgabepflichtigen zustehenden Rechtsmittel finden die Bestimmungen der §§ 69 ff. des Kommunalabgabengesetzes vom 14. Juli 1893 Anwendung.

§ 9. Vorstehende Ordnung tritt am . . ten . . . . in Kraft [mit dem dritten Monate in Kraft, welcher auf denjenigen Monat folgt, in welchem dieselbe bekannt gemacht ist].

. . . ., den . . ten . . . .

Der Magistrat.

Ordnung,

betreffend die Erhebung von Gebühren für die Benutzung der städtischen Kanalisation im Stadtbezirke . . . .

In Gemäßheit der §§ 4, 7, 9 des Kommunalabgabengesetzes vom 14. Juli 1893 wird hierdurch, vorbehaltlich der Genehmigung des Bezirksausschusses zu . . . . . . , auf Grund des Beschlusses der hiesigen Stadtverordnetenversammlung vom . . . . für die Gemeinde . . . . folgende Gebührenordnung erlassen:

§ 1. Die Eigenthümer der im Stadtbezirke belegenen Gebäude aller Art, welche ihre Abwässer dem städtischen Kanalnetz zuführen, sind verpflichtet an die hiesige Stadtkasse eine laufende jährliche Gebühr zu entrichten. Dieser Gebühr unterliegen auch diejenigen Gebäude, welche von der Gebäudesteuer befreit sind.

§ 2. Die Gebühr ist am 1. Oktober eines jeden Jahres fällig und beträgt 1 % des Gebäudesteuernutzungswerthes, jedoch nicht unter 3 Mark. Pfennigbeträge unter einer halben bezw. unter einer vollen Mark werden nach oben auf eine halbe bezw. eine volle Mark abgerundet.

Die Gebühr ist für die Gesammtbesitzung eine einheitliche ohne Rücksicht darauf, ob nur Dachrinnen-Anschluß oder Anschluß für häusliche oder gewerbliche Abwässer oder für sämmtliche Abwässer besteht und ob der Anschluß in einer oder mehreren Zuleitungen erfolgt.

§ 3. Ist eine Veranlagung zur Gebäudesteuer nicht erfolgt, so setzt der Magistrat den Nutzungswerth fest. Dieser Nutzungswerth bleibt für die Berechnung der Gebühr bis zum Ablauf desjenigen Kalendervierteljahres maßgebend, in welchem dem Magistrat der zum Zweck der Veranlagung der Gebäudesteuer festgesetzte Nutzungswerth glaubhaft nachgewiesen oder amtlich bekannt geworden ist.

Der Nutzungswerth der von der Gebäudesteuer überhaupt befreiten Grundstücke wird von dem Magistrat vorbehaltlich der Berücksichtigung nachträglicher Veränderungen festgesetzt. Bei dem der Berechnung der Gebühr zu Grunde zu legenden Nutzungswerth wird ein angefangenes Hundert für voll gerechnet, wenn der überschießende Betrag die Summe von 50 Mark übersteigt, anderenfalls aber außer Ansatz gelassen.

§ 4. Die Verpflichtung zur Zahlung der Gebühr entsteht, sobald nach Ablauf desjenigen Monats, in welchem seitens der städtischen Bauverwaltung die Abnahme der Anschluß-Anlage erfolgt ist, zwei Monate verstrichen sind; sie erlischt mit Ablauf desjenigen Kalendervierteljahrs, in welchem bei dem Magistrat die Anzeige von der Beseitigung des Anschlußes des Gebäudes an die Kanalisation eingegangen ist.

[§ 5. Eigenthümer solcher Gebäude an neuen Straßen, welche gemäß der Bestimmungen des Gesetzes, betreffend die Anlegung und Veränderung von Straßen und Plätzen in Städten und ländlichen Ortschaften, vom 2. Juli 1875 (G.-S. S. 561) und des auf Grund desselben erlassenen Ortsstatuts vom . . . . die ersten Baukosten des Kanals selbst getragen haben, bleiben . . Jahre lang nach dem Bau des Kanals von der Entrichtung der Gebühr befreit.]

§ 6. Die Bekanntmachung der festgesetzten Gebühren erfolgt beim Inkrafttreten dieser Ordnung durch öffentliche Auslegung der Hebelisten während zwei Wochen; bei späterem Eintritt der Gebührenpflicht durch besondere Mittheilung.

Gegen die Heranziehung (Veranlagung) stehen dem Abgabepflichtigen die Rechtsmittel der §§ 69, 70 des Kommunalabgabengesetzes zu.

§ 7. Vorstehende Ordnung tritt am . . ten . . . . in Kraft.

. . . . , den . . ten . . . .

Der Magistrat.

Ordnung,

betreffend die Erhebung von Beiträgen zu den Kosten der Herstellung und Unterhaltung der Schwemmkanalisation in der Stadtgemeinde ....

Auf Grund des Beschlusses der hiesigen Stadtverordnetenversammlung vom .... wird hierdurch gemäß § 9 des Kommunalabgabengesetzes vom 14. Juli 1893 für die Stadtgemeinde .... folgende Ordnung erlassen:

§ 1. Von allen im Gemeindebezirk belegenen bebauten und unbebauten Grundstücken wird für das laufende Meter Grundstücksstraßenfront ein einmaliger Beitrag von [50] Mark und ein laufender jährlicher Beitrag von [2] Mark zu den Kosten der Herstellung und Unterhaltung der Schwemmkanalisation nach den Bestimmungen dieser Ordnung erhoben. Grundstücksstraßenfront im Sinne dieser Ordnung bedeutet die Längenausdehnung der Grundstücke in den sie berührenden bebauungsplanmäßigen Straßenfluchtlinien ohne Rücksicht auf Zugänglichkeit von der Straße her. Bei Grundstücken, welche an zwei oder mehreren Straßen liegen, sind die Beiträge für sämmtliche Straßenfronten zu entrichten. Bei der Berechnung der beitragspflichtigen Frontlänge eines Grundstücks wird ein angefangenes Meter für voll gerechnet, wenn die überschießende Frontlänge das Maaß von 50 cm übersteigt, anderenfalls aber außer Ansatz gelassen.

§ 2. Die Verpflichtung zur Zahlung des einmaligen Beitrages entsteht, sobald vor den Grundstücksstraßenfronten die Schwemmkanalisation anschlußfähig hergestellt ist.

Die Verpflichtung zur Zahlung des laufenden Beitrags entsteht am Tage nach Ablauf desjenigen Kalendermonats, in welchem vor den Grundstücksstraßenfronten die Schwemmkanalisation anschlußfähig hergestellt ist.

§ 3. Zur Bezahlung der in den §§ 1, 2 festgesetzten Gebühren ist derjenige verpflichtet, der zur Zeit des Eintritts der Zahlungsverpflichtung im Grundbuch als Eigenthümer eingetragen ist. Miteigenthümer haften solidarisch. Die Verpflichtung zur Zahlung der Beiträge ruht dinglich auf dem betreffenden Grundstücke dergestalt, daß auch jeder spätere Eigenthümer für die Entrichtung der Beiträge mit dem Grundstücke haftet.

§ 4. Die einmaligen Beiträge sind binnen 14 Tagen nach ergangener Zahlungsaufforderung in einer Summe an die hiesige Stadtkasse zu entrichten.

Die laufenden Beiträge sind vierteljährlich im Voraus an die gedachte Kasse zu zahlen. Die Vorausbezahlung mehrerer Raten bis zum ganzen Jahresbetrage ist gestattet.

§ 5. Außer der ersten Veranlagung zur Zahlung der laufenden Beiträge ist den Zahlungspflichtigen jährlich nach Beginn des neuen Rechnungsjahres eine betreffende neue Veranlagung zuzustellen.

§ 6. Jeder Eigenthümer eines beitragspflichtigen Grundstücks hat dem Magistrat anzuzeigen, wenn in den Eigenthumsverhältnissen des Grundstücks ein Wechsel eintritt, widrigenfalls er bis zum Ablauf des Vierteljahres, in welchem die Anzeige erfolgt, neben dem neuen Eigenthümer zur Bezahlung der Beiträge und Gebühren verpflichtet bleibt.

§ 7. Einsprüche gegen die Heranziehung (Veranlagung) zu den Beiträgen müssen binnen einer Frist von 4 Wochen, welche mit dem auf die Zustellung der Zahlungsaufforderung bezw. der Veranlagung folgenden Tage beginnt, bei dem Magistrate angebracht werden. Gegen den Beschluß des Magistrats steht den Beitragspflichtigen binnen einer, mit dem ersten Tage nach erfolgter Zustellung beginnenden, Frist von 2 Wochen die Klage im Verwaltungsstreitverfahren beim Bezirksausschusse zu . . . . offen.

§ 8. Vorstehende Ordnung tritt am . . ten . . . . in Kraft.

. . . ., den . . ten . . . .

Der Magistrat.

Ordnung,
betreffend die Erhebung einer Umsatzsteuer von Grundstücken der Stadtgemeinde ....

Auf Grund des Beschlusses der Stadtverordnetenversammlung hierselbst vom .... wird hierdurch in Gemäßheit der §§ 13, 18, 82 des Kommunalabgabengesetzes vom 14. Juli 1893 für die Stadtgemeinde .... die nachstehende Steuerordnung erlassen:

§ 1. Der im Wege der freiwilligen Veräußerung erfolgende Eigenthumswechsel an einem im Grundbezirke .... belegenen Grundstücke oder Grundstückstheile unterliegt fortan nach Maßgabe der nachstehenden Bestimmungen einer Abgabe (Umsatzsteuer) an die hiesige Stadkasse.

§ 2. Die Steuer beträgt 1/2 Prozent des Werthes des veräußerten Gegenstandes. Als Werth gilt in erster Linie der vereinbarte Ueberlassungspreis; fehlt es an einem solchen oder steht der vereinbarte Ueberlassungspreis in einem auffälligen Mißverhältnisse zu dem gemeinen Werthe des Grundstücks, so tritt der gemeine Werth an die Stelle des Ueberlassungspreises.

§ 3. Die Steuer ist nicht zu entrichten:

a) wenn die Stadtgemeinde .... Erwerber oder Veräußerer ist,
b) bei Veräußerungen durch lästige Verträge zwischen Verwandten auf- und absteigender Linie,
c) bei Auseinandersetzungen zwischen Miteigenthümern und Miterben hinsichtlich des bereits dem Erwerber gecörigen Theils.

§ 4. Für die Abgabe sind Erwerber und Veräußerer solidarisch verhaftet.

§ 5. Die Abgabepflichtigen sind verpflichtet, innerhalb 2 Wochen nach erfolgtem Eigenthumsübergange dem Magistrate von dem Eigenthumsübergange Anzeige zu machen und die den Eigenthumsübergang und den Werth des erworbenen Gegenstandes nachweisenden Urkunden beizufügen, sowie auf Erfordern über die für die Besteuerung maßgebenden Thatsachen binnen einer angemessenen Frist Auskunft zu ertheilen. Ergeben die Urkunden den vereinbarten Ueberlassungspreis nicht oder walten Bedenken über sein Verhältniß zum gemeinen Werth ob, so hat der Magistrat eine Schätzung vorzunehmen, erforderlichenfalls nach Anhörung eines oder mehrerer Sachverständiger.

§ 6. Der vom Magistrate festgesetzte Betrag der Steuer wird den Abgabepflichtigen schriftlich bekannt gemacht; die Steuer ist innerhalb zweier Wochen nach Zustellung der Bekanntmachung an die hiesige Stadtkasse zu entrichten und unterliegt im Falle der Nichteinzahlung der Beitreibung im Verwaltungszwangsverfahren nach Maßgabe der Verordnung vom 7. September 1879 (G.-S. S. 591).

§ 7. Den Abgabepflichtigen stehen gegen die Heranziehung (Veranlagung) zur Umsatzsteuer die Rechtsmittel der §§ 69, 70 des Kommunalabgabengesetzes vom 14. Juli 1893 zu.

§ 8. Wer der im § 5 dieser Steuerordnung angeordneten Verpflichtung nicht oder nicht vollständig nachkommt oder wer bei der Anzeige unrichtige Angaben macht, verfällt, insoweit nicht weitergehende allgemeine Strafvorschriften, insbesondere die Bestimmungen im § 79 des Kommunalabgabengesetzes Platz greifen, einer Strafe von 3 bis 30 Mark.

§ 9. Gegenwärtige Ordnung tritt mit dem dritten Monate in Kraft, welcher auf denjenigen Monat folgt, in welchem dieselbe bekannt gemacht ist.

. . . . , den . . ten . . . .

Der Magistrat.

Ordnung,

betreffend die Erhebung von Luxussteuern in der Stadtgemeinde . . . .

Auf Grund des Beschlusses der hiesigen Stadtverordnetenversammlung vom . . . . wird hierdurch in Gemäßheit der §§ 13, 18, 82 des Kommunalabgabengesetzes vom 14. Juli 1893 für die Stadtgemeinde . . . . . . die nachstehende Steuerordnung erlassen:

§ 1. Für das Halten von Reitpferden, Luxuswagen, Klavieren und Harmoniums sind an die Stadtkasse nachstehende Steuern jährlich zu entrichten:

1. für jedes Reitpferd . . . . . . [30] Mark
2. für jeden Luxuswagen . . . . . [30] „
2. für jedes Klavier oder Harmonium . [10] „

mit Ausnahme derjenigen Instrumente

a) deren Besitzer ausschließlich oder überwiegend ihren Lebensunterhalt durch Musikunterricht erwerben,
b) deren Besitzer zu einem Mindesteinkommen von weniger als [3000] Mark veranlagt sind.

Vorstehende Beträge sind in halbjährlichen Raten und zwar in den ersten 14 Tagen der Monate [Mai und November] an die hiesige Stadtkasse zu entrichten.

§ 2. Die Steuer hat auch zu entrichten, wer Reitpferde, Luxuswagen, Klaviere und Harmoniums anderer der Steuer nicht unterworfener Personen auf eine längere Dauer als 14 Tage miethweise benutzt.

§ 3. Wer eines der im § 1 bezeichneten Gegenstände am Tage des Inkrafttretens dieser Ordnung hält, in Zukunft anschafft oder mit einem solchen neu anzieht, hat hiervon innerhalb 14 Tagen dem Magistrate Anzeige zu machen und zwar auch dann, wenn Steuerfreiheit beansprucht wird. Zu gleicher Anzeige sind diejenigen Personen verpflichtet, welche der Steuer unterworfene Gegenstände miethweise benutzen (§ 2). Wer im Laufe des Steuerjahres einen steuerpflichtigen Gegenstand abschafft und dafür einen gleichen wieder anschafft, ist zur Erstattung der Anzeige nicht verpflichtet, da er die Steuer nur einmal zu entrichten hat.

§ 4. Tritt die Steuerpflicht im Laufe eines Steuerhalbjahres ein, so muß die volle Steuer für das laufende halbe Jahr binnen 14 Tagen vom Beginn der Steuerpflicht an gerechnet, entrichtet werden. Die Steuer für das ganze laufende Steuerhalbjahr muß in dem Falle bezahlt werden, daß die Steuerpflicht im Laufe des Halbjahres erlischt.

§ 5. Von dem Erlöschen der Steuerpflicht ist vor Ablauf des Steuerhalbjahres, für welches die Steuer bereits bezahlt ist, Anzeige zu machen. Erfolgt die Anzeige nicht, so wird die Steuer forterhoben.

§ 6. Die Veranlagung zur Steuer erfolgt durch den Magistrat. Nach erfolgter Veranlagung wird dem Steuerpflichtigen eine besondere Zahlungsaufforderung kostenfrei zugestellt.

§ 7. Einsprüche gegen die Heranziehung (Veranlagung) zur Steuer müssen binnen einer Frist von 4 Wochen, welche mit dem auf die Zustellung der Zahlungsaufforderung folgenden Tage beginnt, bei dem Magistrate angebracht werden.

Ueber den Einspruch beschließt der Magistrat; gegen den Beschluß steht dem Steuerpflichtigen binnen einer, mit dem ersten Tage nach erfolgter Zustellung beginnenden, Frist von 2 Wochen die Klage im Verwaltungsstreitverfahren beim Bezirksausschusse zu . . . . offen.

§ 8. Zuwiderhandlungen gegen die Bestimmungen dieser Ordnung unterliegen einer Strafe von . . bis 30 Mark.

§ 9. Vorstehende Ordnung tritt am . . ten . . . . in Kraft.

. . . . den . . ten . . . .

Der Magistrat.

Ordnung,

betreffend die Erhebung einer Bauplatzsteuer in der Stadtgemeinde . . . .

Auf Grund des Beschlusses der hiesigen Stadtverordneten-Versammlung vom . . . . wird gemäß den §§ 23, 27 des Kommunalabgabengesetzes vom 14. Juli 1893 (G.-S. S. 152), vorbehaltlich der vorgeschriebenen Genehmigung, für die Gemeinde . . . . die nachstehende Steuerordnung erlassen:

§ 1. Vom 1. April . . . . ab haben die Eigenthümer unbebauter Liegenschaften, welche durch die Festsetzung von Baufluchtlinien in ihrem Werthe erhöht worden sind (Bauplätze), außer den Zuschlägen zu der vom Staate veranlagten Grundsteuer eine Bauplatzsteuer an die hiesige Stadtkasse zu entrichten.

Als unbebaut im Sinne des vorigen Absatzes gelten Liegenschaften auch dann, wenn nur Schuppen, Baracken und ähnliche der einstweiligen Benutzung oder anderen vorübergehenden Zwecken dienende Baulichkeiten darauf errichtet sind.

Zur Zeit unterliegen der Bauplatzsteuer nur diejenigen Liegenschaften, [welche nördlich von der Königsstraße, westlich vom Stadtgraben, südlich von der Adalbertstraße und östlich von der Parkanlage begrenzt werden (Bebauungsplan vom 12. März 1892)]. Die innerhalb dieses Gebietes belegenen Hofräume und Hausgärten unterliegen der Bauplatzsteuer nur, insoweit sie nach Umfang und Lage als selbstständige Bauplätze in Betracht kommen.

§ 2. Der Besteuerung der Bauplätze (§ 1) wird der Betrag zu Grunde gelegt, um welchen ihr Werth durch die Festsetzung der Baufluchtlinien erhöht worden ist (Bauplatzwerth).

Der Bauplatzwerth wird für jede im Zusammenhange stehende Bauplatzfläche desselben Eigenthümers durch Abschätzung festgestellt. Als Anhalt hierbei dient der Unterschied zwischen den Kaufpreisen, welche im freien Verkehr für Liegenschaften von gleicher Beschaffenheit, Größe und im Uebrigen gleicher Lage zur Zeit der Veranlagung erzielt worden, je nachdem die Liegenschaften an einer Baufluchtlinie belegen oder nicht belegen sind.

§ 3. Die Steuer vom Bauplatzwerth beträgt jährlich 0,15 Mark von jedem Hundert des festgestellten Bauplatzwerthes.

§ 4. Die Veranlagung der Steuer vom Bauplatzwerthe geschieht durch den Magistrat [den Steuerausschuß].

Die Bekanntmachung der Veranlagung erfolgt in Gemäßheit der Vorschrift im § 65 Absatz 4 des Kommunalabgabengesetzes durch eine besondere Mittheilung an jeden einzelnen Steuerpflichtigen.

§ 5. Die Steuer ist innerhalb 4 Wochen nach erfolgter Bekanntmachung (§ 4) an die hiesige Stadtkasse zu entrichten.

Steuerrückstände werden im Wege des Verwaltungszwangsverfahrens beigetrieben.

§ 6. Einsprüche gegen die Heranziehung (Veranlagung) zur

Steuer müssen binnen einer Frist von 4 Wochen, welche mit dem auf die Zustellung der Bekanntmachung (§ 4) folgenden Tage beginnt, bei dem Magistrate angebracht werden.

Gegen den Beschluß des Magistrates steht dem Steuerpflichtigen binnen einer, mit dem ersten Tage nach erfolgter Zustellung beginnenden, Frist von 2 Wochen die Klage im Verwaltungsstreitverfahren offen.

§ 7. Gegenwärtige Ordnung tritt am 1. April . . . . . in Kraft.

. . . . den . . ten . . . .

Der Magistrat.

Ordnung,

betreffend die Erhebung direkter Gemeindesteuern in der Stadt- [Land-]gemeinde . . . .

Auf Grund des Beschlusses der Stadtverordneten-Versammlung [Gemeindeversammlung] hierselbst vom . . . . . . wird hierdurch in Gemäßheit der Bestimmungen des Kommunalabgabengesetzes vom 14. Juli 1893 für die Stadt- [Land-]gemeinde . . . . . . die nachstehende Steuerordnung erlassen:

§ 1. Vom [1. April 1895] ab werden zur Deckung der Ausgaben der Gemeinde insoweit direkte Gemeindesteuern vom Grundbesitz, Gewerbebetriebe und Einkommen erhoben, als die sonstigen Einnahmen, insbesondere aus dem Gemeindevermögen, aus Gebühren, Beiträgen und indirekten Gemeindesteuern zur Deckung des Steuerbedarfs nicht ausreichen.

§ 2. Die Besteuerung erfolgt in Prozenten der vom Staate veranlagten Grundsteuer, Gebäudesteuer, Gewerbesteuer, einschließlich der Betriebssteuer uud der Staatseinkommensteuer nach Maßgabe der Vorschriften des Kommunalabgabengesetzes vom 14. Juli 1893.

§ 3. Steuerpflichtige mit einem Einkommen von nicht mehr als 420 Mark werden zur Gemeindeeinkommensteuer nicht herangezogen. Steuerpflichtige mit einem Einkommen von mehr als 420 bis 900 Mark werden nach Maaßgabe der Bestimmungen im § 38 des Kommunalabgabengesetzes zur Einkommensteuer veranlagt, können jedoch durch alljährlich herbeizuführenden Gemeindebeschluß von der Steuerpflicht befreit werden.

§ 4. Die im § 2 gedachten Prozentsätze werden alljährlich durch Beschluß der städtischen Behörden [der Gemeindeversammlung] festgesetzt.

[Uebersteigt der Steuerbedarf den Betrag von 100 % aller Steuern, so sollen von der Einkommensteuer 100 % erhoben werden, von den übrigen Steuern dagegen so viele Prozente über 100 % hinaus bis zum Höchstbetrage von zusammen 150 %, als zur Deckung des Bedarfs erforderlich sind. Der Prozentsatz der Betriebssteuer soll in allen Fällen mindestens 100 % betragen].

§ 5. Die Veranlagung erfolgt durch den Gemeindevorstand [durch einen Steuerausschuß]. Dieser besteht aus dem Bürgermeister oder einem von ihm zu beauftragenden Magistratsmitgliede als Vorsitzenden und aus [11] sonstigen Mitgliedern. Letztere werden von den Stadtverordneten aus denjenigen Einwohnern der Stadt, welche das 25. Lebensjahr vollendet haben und sich im Besitze der bürgerlichen Ehrenrechte befinden, unter möglichster Berücksichtigung der verschiedenen Arten des Einkommens, jährlich gewählt. Verweigert der Steuerausschuß die Erledigung der ihm übertragenen Geschäfte, so findet die Vorschrift des § 54 des Einkommensteuergesetzes vom 24. Juni 1891 sinngemäße Anwendung. Ebenso finden bezüglich der Geschäftsordnung des Steuerausschusses die Bestimmungen des § 51 Abs. 1, 3—5, § 52 Abs. 1, 3, § 53 des gedachten Gesetzes sinngemäße Anwendung.

§ 6. Zum Zwecke der Veranlagung ist jeder Steuerpflichtige, sowie dessen Bevollmächtigter und gesetzlicher Vertreter verpflichtet, auf die an ihn seitens des Gemeindevorstandes [des Gemeindevorstandes oder des Steuerausschusses] gerichtete schriftliche Aufforderung über bestimmte, für die Besteuerung erhebliche Thatsachen innerhalb einer ihm zu bestimmenden angemessenen Frist schriftlich oder zu Protokoll Auskunft zu ertheilen. Der Gemeindevorstand

[Steuerausschuß] ist bei der Veranlagung an die ertheilte Auskunft nicht gebunden. Wird aber dieselbe beanstandet, so sind dem Steuerpflichtigen, bezw. dessen Stellvertreter vor der Veranlagung die Gründe der Beanstandung mit dem Anheimgeben mitzutheilen, hierüber binnen einer angemessenen Frist eine weitere Erklärung abzugeben.

§ 7. Die Bekanntmachung der veranlagten Steuern erfolgt durch den Gemeindevorstand für diejenigen Steuerpflichtigen, bezüglich deren die staatlich veranlagte Steuer die unveränderte Grundlage der Prozentsätze (Zuschläge) bildet, durch eine in ortsüblicher Weise zu bewirkende Veröffentlichung der zu erhebenden Prozentsätze, für andere Steuerpflichtige durch besondere Mittheilung eines Steuerzettels, welcher die veranlagten Steuern enthält [erfolgt durch den Gemeindevorstand für alle Steuerpflichtigen durch besondere Mittheilung eines Steuerzettels, welcher die veranlagten Steuern enthält].

Bei Zugängen im Laufe des Jahres bedarf es stets der besonderen Mittheilung eines Steuerzettels.

§ 8. Die veranlagte Steuer ist in vierteljährlichen Beträgen in der ersten Hälfte des zweiten Monats eines jeden Vierteljahrs [in den ersten 8 Tagen eines jeden Monats] bei der hiesigen Stadt[Gemeinde]kasse zu entrichten. [Diese hat auf dem bei der Zahlung vorzuzeigenden Steuerzettel den Empfang zu bescheinigen.]

§ 9. Zuwiderhandlungen gegen die Vorschriften dieser Ordnung werden mit einer Strafe von 3 bis 30 Mark belegt.

§ 10. Diese Ordnung tritt am . . ten . . . . in Kraft. [Gleichzeitig tritt das Gemeindeabgabenregulativ vom . . . . . nebst Nachträgen vom . . . . außer Kraft.]

. . . . , den . . ten . . . .

Der Magistrat [Gemeindevorstand].

IV.

Entwürfe zu Gemeindebeschlüssen über die Vertheilung des Steuerbedarfs auf die verschiedenen Steuerarten ꝛc. und zur Bekanntmachung über die erfolgte Veranlagung und die stattfindende Hebung der Gemeindesteuern.

Vorbemerkung: Die nachfolgenden Entwürfe sind in erster Linie für Landgemeinden im Geltungsbereiche der Landgemeindeordnung vom 3. Juli 1893 bestimmt und dementsprechend ausgearbeitet.

1.

Verhandelt

in der Gemeindeversammlung der Gemeinde . . . .
am . . ten . . . . 189 .

In der heutigen Gemeindeversammlung, welche unter Angabe der Gegenstände der Berathung in der durch die Landgemeindeordnung vorgeschriebenen Weise zusammen berufen worden ist und in welcher mehr als ein Drittel der stimmberechtigten Gemeindemitglieder anwesend war, wurde mit Stimmenmehrheit folgender Beschluß gefaßt:

Soweit zur Deckung der Ausgaben und Bedürfnisse der Gemeinde . . . . im Rechnungsjahr vom 1. April 189 . eine Erhebung von Gemeindesteuern erforderlich wird, sollen Letztere je nach Bedarf in gleichen Prozenten der vom Staate veranlagten Grund-, Gebäude- und Gewerbesteuer, sowie der Betriebssteuer, in keinem Falle aber höher als zum Betrage von 100 Prozent dieser Steuern erhoben werden.

g. w. o.

(Unterschriften) N. N.
Gemeindevorsteher
als Vorsitzender.

N. N. N. N.
als
stimmberechtigte Mitglieder
der Versammlung.

2.

Verhandelt

in der Gemeindevertretung der Gemeinde ....
am .. ten .... 189 .

In der auf heute zusammenberufenen Sitzung der Gemeindevertretung der Gemeinde ...., zu welcher die Einladungen unter Angabe der Gegenstände der Berathung in der durch die Landgemeindeordnung vorgeschriebenen Weise ergangen sind und in welcher mehr als die Hälfte der Mitglieder der Gemeindevertretung anwesend waren, wurde zu Nr. 3 der Tagesordnung einstimmig folgender Beschluß gefaßt:

Zur Deckung des Bedarfs an Gemeindesteuern für das Rechnungsjahr vom 1. April 189 . sollen die vom Staate veranlagten Realsteuern (Grund-, Gebäude-, Gewerbesteuern) und die Staatseinkommensteuer (einschließlich der nach § 74 des Einkommensteuergesetzes vom 24. Juni 1891 fingirt veranlagten Einkommensteuer) herangezogen werden, und zwar soll für je 3 Prozent der Grund-, Gebäude- und Gewerbesteuer 1 Prozent der Einkommensteuer zur Erhebung gelangen. Sollten wider Erwarten mehr als 100 Prozent der Realsteuern erhoben werden müssen, so soll die Einkommensteuer nur mit dem nach § 54 des Kommunalabgabengesetzes vom 14. Juli 1894 zulässigen Mindestbetrage herangezogen werden.

g. w. o.

N. N.	N. N.
Gemeindevorsteher	als
als Vorsitzender.	stimmberechtigte Mitglieder.

3.

Einleitung wie zu 1.

.... beschlossen:

Zur Deckung des jeweiligen jährlichen Bedarfs an Gemeindesteuern sollen bis auf Weiteres die vom Staate veranlagte Grund-, Gebäude- und Gewerbesteuer, sowie die Betriebssteuer mit gleichen Prozenten herangezogen werden. Müssen jedoch mehr als 100 Prozent dieser Steuern erhoben werden, so soll auch die Einkommensteuer, und zwar mit dem nach § 54 des Kommunalabgabengesetzes vom 14. Juli 1894 zulässigen Mindestbetrage herangezogen werden.

Unterschriften wie zu 1.

4.

Einleitung wie zu 1.

. . . . beschlossen:

Zur Deckung des für das Rechnungsjahr vom 1. April 189 . in der Gemeinde . . . . erforderlichen Bedarfs an Gemeindesteuern, welcher sich nach dem heute durch Beschluß der Gemeindeversammlung festgestellten Voranschlage auf 5450 Mk. beläuft, sollen die einzelnen Steuerarten, wie folgt, belastet werden*):

a)	die Grundsteuer mit	110 %
b)	die Gebäudesteuer mit	120 %
c)	die Gewerbesteuer "	120 %
d)	die Betriebssteuer "	100 %
e)	die Einkommensteuer, einschließlich der fingirt veranlagten Steuer nach § 74 des Einkommensteuergesetzes mit . .	80 %

Unterschriften wie zu 1.

5.

Einleitung wie zu 1.

. . . . beschlossen:

Vom 1. April 189 . ab soll, vorbehaltlich der Genehmigung des Kreisausschusses und der Zustimmung des Herrn Minister des Innern und der Finanzen, im Bezirke

*) Die Vertheilung würde im Voranschlag zu begründen sein.

der Landgemeinde . . . . . eine Hundesteuer erhoben werden. Die Erhebung dieser Steuer soll erfolgen nach Maßgabe des vom Gemeindevorsteher ausgearbeiteten Entwurfs einer Ordnung, betreffend die Erhebung einer Hundesteuer, vom . . ten . . . . 189 . (Anlage A dieser Verhandlung), welchem die Generalversammlung hierdurch seinem ganzen Inhalte nach zustimmt.

Unterschriften wie zu 1.

6.

Einleitung wie zu 1.

. . . . beschlossen:

Vom 1. April 189 . ab soll in Gemäßheit des § 95 Absatz 2 des Kommunalabgabengesetzes vom 14. Juli 1893 an Stelle des Rechnungsjahres eine Periode von 3 Rechnungsjahren treten. Gemäß § 120 der Landgemeindeordnung vom 3. Juli 1891 hat jedoch die Rechnungsbelegung über alle Einnahmen und Ausgaben der Gemeinde alljährlich zu erfolgen.

Unterschriften wie zu 1.

7.

Bekanntmachung.

Nach Vorschrift des § 65 Absatz 1 des Kommunalabgabengesetzes vom 14. Juli 1893 wird hierdurch den Steuerpflichtigen bekannt gemacht, daß für das Rechnungsjahr vom 1. April 189 . in der Gemeinde N. gemäß dem Beschlusse der Gemeindeversammlung vom . . ten . . . . . . an Gemeindesteuern:

. . . . Prozent der staatlich veranlagten Grundsteuer,
. . . . " " " " Gebäudesteuer,
. . . . " " " " Gewerbesteuer,
. . . . " " Betriebssteuer,

. . . . Prozent der Staatseinkommensteuer (einschließlich der für die Steuerpflichtigen mit einem Einkommen von nicht mehr als 900 Mark fingirt veranlagten Einkommensteuer)

zur Hebung gelangen.

Die Steuerpflichtigen werden gleichzeitig aufgefordert, die zu entrichtenden Gemeindesteuern in Monatsbeträgen im Voraus innerhalb der ersten 8 Tage eines jeden Monats (für die bereits verflossenen Monate des laufenden Rechnungsjahres die fälligen Beträge im nächsten Hebetermine) [in zweimonatlichen Beträgen im Voraus innerhalb der ersten 8 Tage der Monate April, Juni, August, Oktober, Dezember, Februar (die für die bereits verflossenen Monate fälligen Beträge im nächsten Hebungstermine)][1]) [in dreimonatlichen Beträgen im Voraus innerhalb der ersten 8 Tage der Monate April, Juli, Oktober, Januar (die für die bereits verflossenen Monate fälligen Beträge im nächsten Hebungstermine)][1]) [in halbjährigen Beträgen, für das 1. Halbjahr während der Zeit vom . . . . . . bis . . . ., für das 2. Halbjahr während der Zeit vom . . . . . . bis . . . . . .][1]) [in ganzjährigem Betrage während der Zeit vom . . . . . . bis . . . . . .][1]) bei dem Gemeindevorsteher [Gemeindeeinnehmer] einzuzahlen, widrigenfalls die nicht zur Einzahlung gelangten Beträge im Wege des Verwaltungszwangsverfahrens nach Maßgabe der Verordnung vom 7. September 1879 (Gesetzsammlung Seite 591) beigetrieben werden[2]).

Einsprüche gegen die Heranziehung (Veranlagung) zu den Gemeindesteuern sind bei Vermeidung des Verlustes des Rechtsmittels binnen einer Frist von 4 Wochen, welche mit dem ersten Tage nach der Veröffentlichung dieser Bekanntmachung beginnt[3]), bei dem Gemeindevorstande einzulegen.

---

[1]) Vgl. K.-A.-G. § 66. Die Hebung der Steuer in halbjährigen Beträgen oder im Betrage des ganzen Jahres ist nur zulässig, wenn die zu erhebenden Prozentsätze der vom Staate veranlagten Realsteuern oder die Zuschläge zur Einkommensteuer 50 vom Hundert nicht übersteigen.

[2]) Vgl. § 90 K.-A.-G.

[3]) Vgl. § 69 K.-A.-G. Abs. 2 Nr. 3. Erfolgt die Bekanntmachung mittelst Auslegung von Hebelisten, so beginnt der Lauf der Frist mit dem ersten Tage nach Ablauf der Auslegungsfrist.

Eine Liste der Steuerpflichtigen und des für dieselben berechneten Gemeindesteuerbetrages[1]) liegt bis zum . . . . in dem Dienstzimmer des Gemeindevorstehers [Gemeindeeinnehmers] an den Wochentagen Vormittags während der Stunden von . . bis . . Uhr aus.

N., den . . ten . . . . 18 . .

Der Gemeindevorstand.

Bescheinigung (zu 7).

Es wird bescheinigt, daß die vorstehende Bekanntmachung am . . . . in ortsüblicher Weise (durch Ausrufen — durch Ansagen von Haus zu Haus u. s. w.) in der Gemeinde N. veröffentlicht worden ist.

N., den . . ten . . . . 18 . .

Der Gemeindediener.

---

[1]) Eine Offenlegung von Hebelisten mit Angabe der von den Steuerpflichtigen zu entrichtenden Staatseinkommensteuer ist unzulässig. (Ausf. A. zur Landgemeindeordnung III. B. X. 2.)

FSC
www.fsc.org
MIX
Papier | Fördert
gute Waldnutzung
FSC® C083411

Kolibri 360 GmbH
Ferdinand-Jühlke-Straße 7
99095 Erfurt, Deutschland
produktsicherheit@kolibri360.de